피카파우 동물 친구들

1판 1쇄 펴냄 2018년 8월 30일
1판 2쇄 펴냄 2020년 5월 20일
1판 3쇄 펴냄 2023년 3월 2일

지은이 얀 쉔켈
옮긴이 조진경
감수자 박상숙
펴낸이 하진석
펴낸곳 참돌

주　소　서울시 마포구 독막로3길 51
전　화　02-518-3919
팩　스　0505-318-3919
이메일　book@charmdol.com
신고번호　제313-2011-228호
신고일자　2011년 8월 11일

ISBN　979-11-88601-13-4　13630

- 이 책 내용의 전부나 일부를 이용하려면 반드시 저작권자와
  참돌의 서면 동의를 받아야합니다.
- 책값은 뒤표지에 있습니다.
- 잘못된 책은 구입하신 곳에서 바꿔드립니다.

ANIMAL FRIENDS OF PICA PAU by Yan Schenkel
Copyright © 2018 Yan Schenkel
Original English Edition 2017 by Meteoor Books, Antwerp, Belgium
All rights reserved.
Korean translation copyright ©2018 CHARMDOL
Korean translation rights are arranged with Meteoor Books through AMO Agency.

- 이 책의 한국어판 저작권은 AMO에이전시를 통해 저작권자와 독점 계약한 참돌에 있습니다.
  저작권법에 의해 한국 내에서 보호를 받는 저작물이므로 무단 전재와 무단 복제를 금합니다.

피카파우 동물 친구들

- 알록달록 귀여운 손뜨개 인형 캐릭터 20선 -

얀 쉥켈 지음 · 조진경 옮김 · 박상숙 감수

차례

- 6 작가의 말

- 10 **도구와 재료**

- 10 **코바늘**
  - 12 코바늘의 구조
  - 12 호수
  - 12 코바늘 호수 표시
  - 13 코바늘의 소재

- 13 **뜨개실**
  - 13 천연 실
  - 13 섬유질 실
  - 13 단백질 실
  - 14 합성 실
  - 14 실의 무게

- 16 **그 밖의 도구와 재료**
  - 16 돗바늘과 십자수 바늘
  - 16 시침핀
  - 16 가위
  - 17 스티치마커(콧수링)
  - 17 솜
  - 17 얼굴 재료

- 18 **코바늘뜨기의 기초**

- 18 **코바늘과 실 잡기(손 모양)**
  - 19 연필 그립
  - 19 나이프 그립
  - 19 실 잡기

- 19 **뜨기법**
  - 20 매듭지은고리
  - 21 사슬
  - 21 기초사슬코
  - 21 기둥코
  - 22 코 세기
  - 22 코바늘 넣기(코바늘을 넣는 위치)
  - 23 빼뜨기
  - 23 빼뜨기로 사슬고리 연결하기
    (고리 모양의 기초사슬코)
  - 24 짧은뜨기
  - 24 평면뜨기에서(편평한 편물)
  - 26 나선형 뜨기에서(원통 모양 편물)
  - 27 V-짧은뜨기와 x-짧은뜨기의 차이
  - 28 긴뜨기
  - 30 한길긴뜨기
  - 31 구슬뜨기
  - 33 짧은 앞뒤걸어뜨기
  - 35 코 늘리기와 코 줄이기
  - 35 코 늘리기
  - 36 코 줄이기
  - 38 나선형 뜨기
  - 38 실고리로 원형코 만들기
  - 40 기초사슬코로 타원형 뜨기
  - 43 실 바꾸기(배색하기)와 연결하기
  - 44 자카드 무늬 뜨기
  - 45 태피스트리 뜨기
  - 46 마무리하기
  - 47 자수
  - 48 편물 연결하기(바느질하기)

- 51 **코바늘뜨기의 용어와 기호**
  - 51 설명 읽는 법

- 54 **20가지 캐릭터 동물 인형**
  - 56 돼지 페드로
  - 62 회색곰 한스
  - 66 해달 머리
  - 70 카이만 악어 르네
  - 74 당나귀 라몬
  - 80 판다 롤라
  - 84 치타 로사
  - 90 개구리 빅터
  - 96 오리너구리 조지
  - 102 긴코너구리 마르코스
  - 106 가젤 오드리
  - 110 늑대 해리
  - 114 코뿔소 헥터
  - 120 딱따구리 찰스
  - 124 바다오리 보니
  - 128 박쥐 휴고
  - 134 알파카 마르시아
  - 142 잭러셀 다니엘
  - 146 유니콘 로빈
  - 152 드래곤 제르트뤼드

- 159 **감사의 글**

작가의 말

코바늘로 만들 수 있게 디자인한 따끈따끈한 캐릭터들을 만나보세요!

저는 수공예를 즐기시던 어머니 덕분에 뜨개실과 대바늘, 코바늘 같은 도구들이 있는 환경에서 어린 시절을 보냈습니다.
그때가 1980년대 말, 1990년대 초였는데, '핀터레스트'도 없었지만 수공예 인기는 그때나 지금이나 대단했지요.
어머니는 다양한 수공예를 하셨는데, 아무리 관심을 드러내도 저에게 가르쳐주진 않으셨어요.
사실 제가 1초도 가만히 앉아있질 못했거든요. 그래도 하고 싶은 열망이 얼마나 컸던지,
어머니 몰래 실과 털실, 바늘을 빼내 만들려는 작품을 생각하며 색을 고르고, 배합하며, 나만의 팔레트를 만들었지요.
비록 완성된 작품은 하나도 없었지만, 상상만으로도 더할 나위 없이 행복했답니다.
그러던 어느 날, 어머니가 자꾸 재료를 빼가는 절 불러 앉히더니 어머니가 보시던 잡지와 책을 보라고 주시더군요.
저는 책 속에 담긴 매혹적인 그림과 마법 같은 글, 바늘과 실로 만들 수 있는 수많은 놀라운 작품에 빠져들었답니다.
그렇게 대바늘뜨기를 배웠지요! 하지만 코바늘뜨기는 배우지 않았어요.
그건 그냥 집 안의 작고 시시한 물건들을 장식할 때나 필요한 활동이라고 여겼기 때문이에요.
그로부터 여러 해가 지나고 처음으로 코바늘을 잡았습니다. 주변에 코바늘뜨기로 핸드백을 만드는 친구가 있었는데,
그때 처음으로 코바늘뜨기도 배워볼 만하다는 생각이 들었지요. 그래서 어머니가 주셨던 책들을 다시 보게 되었습니다.
코바늘 책은 프랑스어로 된 데다 그림도 상형문자 같아 어렵기만 했지만, 많은 인내심을 갖고 노력한 끝에
코바늘뜨기를 배울 수 있었어요. 당시에 가방도 몇 개 만들었지요. 그래도 대바늘뜨기만큼 흥미롭진 않았나 봐요.
코바늘뜨기는 떴다 풀렀다 하며 시간 보내기용으로만 하곤 했지요. 그때는 스마트폰도 없을 때니 심심풀이로 딱이었어요.
그러던 어느 날, 대바늘로 아이 목도리를 뜨고 있었는데 실이 똑 떨어졌지 뭐예요.
그때까지 뜬 목도리가 너무 짧았기 때문에, 할 수 없이 코바늘뜨기로 곰 모양 단추를 만들어 목도리에 달았지요.
네, 그것이 제가 만든 첫 번째 코바늘뜨기 장난감이었어요.
그 일을 계기로 제가 코바늘뜨기로 동물 인형 만드는 것을 좋아한다는 사실을 알게 되었고요.
몇 년에 걸쳐 서서히 그리고 우연히 그 취미는 제 직업이 되었답니다. 무모해 보이는 일이었지만,
저는 코바늘뜨기 전문가 겸 캐릭터 디자이너이자 인형 제작자가 되었지요.
그리고 코바늘뜨기로 장난감 만들기를 시작한 지 6년 만에 첫 번째 책 《피카파우의 세계 El mumdo de Pica Pau》을 썼어요.
처음 만든 인형들에서 시작된 기나긴 여정을 마감하는 저만의 방식이었지요.
제 인생을 통틀어서 가장 믿을 수 없고, 도전적이며, 스트레스도 많았지만 그만큼 보람도 많은 경험이었고요.
책을 쓰는 일은 정말 '큰일'이고, 행복한 시간이에요.

그런데 공교롭게도 책이 출간되고 두 달 사이, 몇 번 접촉 사고가 났어요. 큰 사고는 아니었지만, 마음이 언짢았지요.

하지만 인생이 그렇듯 다행히 시간은 흘러, 나쁜 경험은 새로운 아이디어의 원동력이 되었고,

삶을 살아갈 때 필요한 추진력으로 바뀌었어요.

그렇게 일 년이 지나고, 저는 새로운 장을 시작할 때라고 결심했지요.

다음 책을 위한 새로운 캐릭터들을 그리기 시작한 거예요. 노트 세 권과 스케치북 두 권에 60개가 넘는 모델을 그렸어요.

그렇게 또 하나의 말도 안 되는 아이디어가 현실이 되었지요. 지금 여러분이 보고 있는 이 책이 바로 그것이에요.

첫 번째 책이 제가 여러 해 동안 코바늘뜨기로 만든 인형들을 소개한 것이라면,

이 책은 새로운 캐릭터 20개를 소개하고 있어요. 여러분이 직접 코바늘로 만들 수 있게 디자인한 캐릭터들이죠.

제가 코바늘뜨기를 시작한 이후, 내내 만들고 싶었던 인형에 가장 가까워요.

이중엔 돼지나 판다, 곰처럼 친숙한 동물도 있고, 가젤, 바다오리, 박쥐처럼 코바늘로 만든 인형으로 흔치 않은 것도 있어요.

유니콘이나 드래곤처럼 신화에나 나오는 신비 동물(조앤 K. 롤링 작가님, 안녕하세요!)도 있고요.

코바늘뜨기를 처음하거나 일부 기법에 대해 보충이 필요한 분들은 '코바늘뜨기의 기초(18쪽)'를 먼저 보세요.

그림과 함께 차근차근 설명해 놓았으니 도움이 될 거예요.

코바늘 인형 만들기에 대한 모든 내용을 50쪽 남짓한 지면을 통해 모조리 배우기란 거의 불가능하지요.

그러니 이 개론은 가이드로 활용하고, 자세한 건 인터넷에서 코바늘뜨기 강습을 찾아 익히세요.

제가 이 책에서 여러 번 강조했는데, 코바늘뜨기에는 엄격한 규칙 같은 건 없어요. 자기가 편한 방식을 찾으면 돼요.

인형을 만드는 방식이나 요령 등을 소개하긴 했지만, 이중에는 사실 제 습관일 뿐인 것도 있어요.

코바늘을 나이프처럼 잡는다든지, 인형의 몸통을 채우기 전에 주둥이부터 꿰맨다든지 하는 것들이 그렇지요.

또 저는 '보이지 않게' 코 줄이기를 잘 못하는데, 하지만 그게 저랍니다.

그러니 여러분은 더 나은 결과를 얻기 위해 다른 방법을 찾아내셔도 좋아요.

제가 진심으로 원하는 건 여러분이 이 인형들을 만드는 과정에서 저처럼 즐거움을 맛보는 거예요.

여러분이 이 모든 캐릭터를 완성하는 것을 너무너무 보고 싶어요.

그러니까 어서 코바늘을 잡고 시작해보세요!

멋진 아이디어를 실현시키기 위해
애쓰는 모든 분께 이 책을 바칩니다.

도구와 재료

코바늘뜨기는 코바늘과 뜨개실만 있으면 바로 시작할 수 있다는 게 장점입니다.
코바늘뜨기를 오래 해왔거나 가족 중에 코바늘뜨기를 하는 사람이 있다면,
집 안에 분명 소재와 호수가 다양한 코바늘이 있을 거예요.
또 최근에 코바늘뜨기를 시작해서 인터넷이나 잡지, 책을 보며 이것저것 연습하는 사람이라면,
손잡이가 파스텔 고무로 된 코바늘을 호수별로 갖춘 예쁜 코바늘 세트를 분명 갖고 있겠지요.
한 번도 코바늘을 잡아 본 적 없는, 이제 막 코바늘뜨기를 하는 분이더라도 걱정할 필요는 없어요!
코바늘뜨기라는 멋진 세계로 들어가기 위해 꼭 필요한 내용을 소개해 드릴 테니까요.
코바늘과 뜨개실의 품질이 좋으면 힘들어서 좌절할 일이 없다는 것만 꼭 기억해 주세요.
그리고 코바늘과 바늘은 잃어버리기 쉬우니 예비품을 갖춰 놓도록 하고요.
저는 좋아하는 코바늘은 열 개 정도 구비해 두고 있답니다. 좀 많은가요?

코바늘

코바늘뜨기는 코바늘을 이용하여 사슬에 떠 넣은 실 고리들을 맞물리게 연결해서 직물을 짜는 기술이에요.
코바늘의 영어 단어인 'crochet'는 '작은 갈고리'를 의미하는 프랑스어에서 왔지요.
물론 코바늘 없이도 직물을 짤 수 있어요. 어부들이 그물을 짜거나 손으로 두툼한 담요를 짜듯이 말이에요.
하지만 아이들이 조막만 한 손으로 가지고 놀 인형을 만들려면 작은 갈고리인 '코바늘'이 꼭 있어야겠죠.
코바늘을 고를 때는 호수와는 별도로 잡았을 때 얼마나 편안한지를 먼저 생각해야 해요.
저는 코바늘을 나이프처럼 잡기 때문에(19쪽 참조), 손잡이가 있으면 불편해서 손잡이가 없는 코바늘을 쓰지요.
코바늘이 너무 다양해 어떤 걸 선택해야 할지 당황스럽나요?
저는 엄마에게 물려받은 코바늘로 시작했어요. 여러 해 동안 2.75㎜ 스테인리스스틸 코바늘로 인형을 만들었지요.
그러다 '캐릭디의 세계'를 만들고 난 어느 날, 쓰던 코바늘이 두 동강이 나버렸답니다.
그래서 향수 어린 그 코바늘은 안식처에 잘 보관해 두고는 다른 2.75㎜ 스테인리스스틸 코바늘을 구입했지요.
제 이야기에서 중요한 조언을 얻으셨나요? 값비싼 코바늘 세트부터 사지 말고 먼저 하나를 써보세요.
코바늘은 펜과 비슷해요. 자기에게 맞는 펜을 찾을 때까지 아무 펜이나 써보잖아요.
그러다 좋은 펜을 만나면 펜이 종이 위에서 춤을 추는 것처럼 느껴져 온종일 글씨를 쓰게 되지요.
코바늘과 코바늘뜨기도 마찬가지랍니다.

코바늘의 구조

바늘 끝 코에 집어넣는 부분이에요. 바늘 끝은 뭉툭해야 실을 가를 염려가 없어요. 특히 저는 끝이 둥근 것을 좋아하는데, 코에 쉽게 들어가 바느질이 편하기 때문이에요. 끝이 뭉툭한 것을 쓰더라도 간혹 왼쪽 집게손가락이 찔리기도 해요. 사진에서 제 손가락에 투명 접착테이프가 감겨 있는 건 그 때문이지요.

바늘 목 이 부분은 실을 실제로 거는(잡아채는) 역할을 하며, 코와 고리 사이로 실을 잡아 뺄 수 있게 해주어요.

바늘대 이 부분은 뜨고 있는 고리를 걸어두는 곳이에요. 이곳의 직경이 코바늘의 실제 호수이며, 이에 따라 코의 크기가 정해지지요.

엄지 받침 코바늘을 잡기 위해 엄지와 중지나 검지(집게손가락)를 놓는 편평한 부분이에요. 일부 인체공학적으로 디자인된 굵은 코바늘에는 이 부분이 없어요.

손잡이 손잡이는 사실 코바늘을 잡을 때 사용하는 것이 아니라 균형과 지레 작용을 위해 사용돼요. 손잡이에는 인체공학적인 이유로 또는 장식 목적으로 덮개를 씌우는데, 그 종류가 상당히 다양하답니다.

호수

코바늘의 호수는 나라마다 표시 방식이 달라요. 숫자나 글자 또는 숫자와 글자를 합쳐서 표시하지요.
아래 표는 가장 널리 사용되는 세 가지 방식으로 미터식, 영국식, 미국식입니다.
기본적으로 실이 두꺼울수록 굵은 코바늘을 쓰는데, 짜인 직물을 보며 원하는 결과에 맞춰 선택하면 됩니다.
편물이 느슨하면, 가는 코바늘을 써서 편물을 쫀쫀하게 만들고, 편물이 쫀쫀하면 굵은 코바늘을 써서 느슨하게 만드는 식으로요.
장력(실 당기는 힘)을 수정하는 것보다 코바늘의 호수를 바꾸는 편이 더 쉽답니다.

코바늘 호수 표시

미터식	영국식	미국식
2mm	14	-
2.25mm	13	B/1
2.5mm	12	-
2.75mm	-	C/2
3mm	11	-
3.25mm	10	D/3
3.5mm	9	E/4
3.75mm	-	F/5
4mm	8	G/6
4.5mm	7	7
5mm	6	H/8
5.5mm	5	I/9
6mm	4	J/10
6.5mm	3	K/10.5
7mm	2	-
8mm	0	L/11
9mm	00	M/13
10mm	000	N/15

코바늘의 소재

예전에는 코바늘을 동물의 뼈, 유리, 베이클라이트, 상아 등으로 만들고(고맙게도 이제는 상아로는 만들지 않아요), 손잡이에 동물이나 꽃 모양을 장식으로 넣었어요. 요즈음에 가장 많이 사용하는 소재는 스테인리스스틸, 알루미늄, 플라스틱, 대나무, 나무 등입니다.

스테인리스스틸 2.00㎜ 이하의 코바늘은 대부분 스테인리스스틸로 만들어요. 얇아도 강해서 부러지지 않지요. 전통적으로 코바늘은 레이스용 코바늘이었는데, 0.35㎜ 이하의 가는 코바늘은 레이스 뜨기용으로만 사용되며, 2.0-3.5㎜의 코바늘은 스포트 실이나 라이트우스티드 실로 아미구루미 인형을 뜰 때 좋습니다.

알루미늄 알루미늄 코바늘은 호수가 가장 다양하고 모든 종류의 실에 적합합니다. 가볍고 강도가 세서 오래 쓸 수 있는 데다 코와 코 사이에 쉽게 들어가 뜨개질이 편해서 사람들이 가장 많이 선호하지요. 그래도 가는 알루미늄 코바늘(4㎜ 미만)이나 품질이 좋지 않은 코바늘은 압력에 약해 부러지기도 하니 사용 시 주의해야 합니다.

나무/대나무 나무나 대나무 코바늘은 두꺼운 실을 뜰 때만 사용할 것을 권합니다. 품질 좋은 나무/대나무 코바늘은 보통 4㎜ 이상이거든요. 품질이 조악하거나 마감 상태가 거친 걸 사용하면 코에 매끄럽게 들어가지도 않을뿐더러 잘 부러진답니다.

플라스틱/아크릴 티셔츠얀이나 울 로빙(조방사) 등 두툼한 재료를 뜰 때 사용됩니다.

뜨개실

예전엔 코바늘뜨기용으로 제작된 가는 면사만 사용해 테이블보나 도일리, 장식품 등을 만들었어요. 그러나 지금은 양모, 면, 노끈, 리본, 패브릭, 가죽, 와이어, 심지어 비닐봉투나 종이 등 다양한 재료로 실을 만들지요. 저마다 장단점이 있으니 되도록 다양한 실을 직접 시도해 보길 권합니다. 어떤 실이 마음에 들고 목적에 맞는지 체험으로 알아내는 것이 가장 좋으니까요. 물론 선택할 때는 완제품의 원래 용도를 잊으면 안 됩니다(아기가 갖고 놀 인형을 와이어로 뜨는 건 좋은 선택이 아니겠죠?).

천연 실

섬유질 실

섬유질 실은 면, 아마, 황마, 레이온, 삼 같은 식물성 섬유로 만들어요. 바나나 나무, 파인애플 나무, 야자나무, 대나무 등에서 얻기도 하지요. 섬유질 실 가운데 면사는 코바늘뜨기에 가장 많이 사용돼요(어디까지나 제 의견이에요). 또 인형을 떴을 때 최고의 작품이 나오는 실이기도 하고요.

면사는 탄력성이 없어 모양을 잘 잡아주고(그래서 인형을 만들 때 꼭 필요합니다), 알레르기를 유발하지 않는 데다, 튼튼하면서도 부드럽습니다. 선택할 수 있는 색도 다양하지요. 반면 탄력성이 없어 코바늘 넣기가 쉽지 않고 여러 가닥으로 조직되어 이따금 실이 풀어진다는 단점도 있어요. 또 다른 단점은 유감스럽게도 면을 재배할 때 농약을 많이 사용한다는 것이지요. 실제로 면 재배지는 세계에서 농약을 많이 사용하는 수요처 중 하나예요. 그러니 유기농 면사를 사용할 수 있다면 가장 좋겠죠. 코바늘뜨기용 면사는 '투박한' 것부터 무광택이고 경제적인 것, 광택 가공한 것 등 다양하게 출시되어 있습니다. 광택 가공 면사는 외관에 윤기를 주어 튼튼하게 처리한 실입니다.

단백질 실

동물성 실로 양모나 알파카, 앙고라, 모헤어처럼 케라틴(동물의 털)을 기본으로 한 실과 실크처럼 곤충의 분비물을 기본으로 한 실이 있습니다. 100퍼센트 순수한 실과 혼방사(여러 가지 모의 혼방, 아크릴이나 면과 혼방, 다양한 비율로 혼방)로 판매되지요. 모사는 식물성 실보다 탄력적이며, 훨씬 따뜻합니다. 짜임새도 다양한데, 앙고라나 모헤어 같은 가는 모사는 털이 복슬복슬해서 편물의 구조가 잘 보이지 않아 초보자는 사용하기 어려운 실이기도 하지요.

거의 모든 모사에는 라놀린이 함유되어 있는데, 이 성분이 알레르기를 유발할 수 있다는 점도 기억해야 합니다. 알파카실은 동물성 실 중 유일하게 알레르기를 유발하지 않는 데다 부드럽고 내구성도 좋고 매끄럽지만, 알파카의 털을 3년에 한 번만 깎기 때문에 매우 비쌉니다.

합성 실

아크릴과 나일론은 짜임새 면에서 동물성 실과 비슷하지만, 내구성이 떨어져요. 가격이 저렴하고 코바늘을 쉽게 넣을 수 있는 반면, 실 표면에 보풀이 잘 일어나지요. 그럼에도 색이 정말 다양해서 인형을 만들 때 가장 많이 쓰게 되는 실이에요.
저는 합성 실의 광택 있는 짜임새를 별로 좋아하지 않는데, 그것은 어디까지나 취향의 문제입니다.

실의 무게

뜨개실의 무게는 실의 두께예요. 다시 말해서 실의 무게와 길이(m) 사이의 관계를 뜻하죠.
대개 코바늘뜨기 인형에 사용되는 실의 종류는 100g당 400-200m 정도입니다.
국제적으로 대부분의 뜨개질 책과 뜨개실 제조업체는 실의 무게를 표시할 때 표준 용어를 따르고, 가닥 수/겹은 선택적으로 표시해요.
불행히도 제 모국인 아르헨티나와 그 밖의 스페인어권 국가에서는 이 표준 용어가 알려져 있지 않기 때문에,
우리는 그냥 '가는 실', '중간 실', '두꺼운 실'로만 부르지요.
아래 표는 공예실협회(Craft Yarn Council)에서 사용하는 정보를 토대로 작성된 것이며, 코바늘 뜨개물의 표준입니다.

번호	명칭	실의 분류	겹(ply)	100g당 길이(m)	권장 코바늘 호수(mm)
0	레이스	핑거링	1 - 2	600 - 800 이상	1.5 - 2.5
1	슈퍼 파인	삭, 핑거링, 베이비	3 - 4	350 - 600	2.25 - 3.5
2	파인	스포트, 베이비	5	250 - 350	3.5 - 4.5
3	라이트	DK, 라이트 우스티드	8	200 - 250	4.5 - 5.5
4	미디움	우스티드, 아프간, 아란	10 - 12	120 - 200	5.5 - 6.5
5	벌키	청키, 크래프트, 러그	12 - 16	100 - 130	6.5 - 9
6	슈퍼 벌키	슈퍼 벌키, 슈퍼 청키, 로빙		100 미만	9 이상
7	점보	점보, 로빙		100 미만	15 이상

실 무게와 코바늘 호수는 상관관계에 있지만, 인형을 뜰 때만큼은 코바늘 뜨개물에 표시된 권장 호수보다
2-3호수 작은 코바늘을 사용해야 해요. 속에 넣은 솜이 비치지 않는, 촘촘한 편물이 필요하니까요.

그 밖의 도구와 재료

돗바늘과 십자수 바늘

모티브를 연결하고, 꿰매고, 조각들을 완성할 때 사용하는 바늘이에요. 두 바늘 모두 바늘귀가 커서 두툼한 뜨개실도 잘 꿸 수 있지요. 바늘의 길이와 호수는 다양하며, 끝이 직선인 것도 있고 구부러진 것도 있어요. 사용하는 뜨개실의 두께에 맞는 것을 고르면 되지요. 저는 대개 십자수 바늘 16번과 18번을 사용합니다.

시침핀

핀 머리가 플라스틱이나 유리로 된 시침핀을 준비하세요. 눈에 잘 띄고, 머리가 커서 코 사이로 빠지지 않아서 좋아요.

가위

코바늘뜨기에 가장 좋은 가위는 끝이 뾰족하면서 작고 가벼운 것이에요. 가위는 자주 사용하므로 잘 드는 좋은 것을 고르도록 하세요.

스티치마커(콧수링)

코를 표시할 때 사용하는 도구예요. 스티치마커 대신에 종이 클립이나 안전핀, 머리핀 등을 사용해 단이나 특정 위치를 표시해도 되지요. 원형뜨기를 할 때는 이전 단의 첫 코(또는 마지막 코)를 꼭 표시해야 합니다.

솜

저는 주로 폴리에스테르 솜을 사용합니다. 흔하게 사용되어 수공예품 판매점에서 저렴한 가격에 쉽게 구매할 수 있고, 세탁이 가능하며, 알레르기 반응도 별로 일으키지 않거든요. 인형에 솜을 채울 때는 한 번에 조금씩 넣으면서 모양을 확인해야 해요. 솜을 너무 많이 채우면 편물이 당겨져서 솜이 비치고, 또 너무 적게 넣으면 바람 빠진 것처럼 인형이 후줄근해 보이니 주의하세요.

얼굴 재료

코바늘 인형을 완성하기 위해 플라스틱 눈과 단추, 나비넥타이, 리본 등이 필요해요. 저는 주로 플라스틱으로 된 나사형 인형 눈을 사용하는데, 눈을 꽂아 넣은 후 안쪽에서 와셔로 고정하기 때문에 빠질 염려가 없지요. 그래도 아이들이 뜯어낼까 봐 걱정이 되면(특히 세 살 이하), 접착제를 발라서 붙여도 돼요. 이때는 눈을 붙이려는 위치를 잘 확인해야 합니다! 눈썹, 코, 입 등은 수를 놓아도 됩니다.

코바늘뜨기의 기초

코바늘과 실 잡기(손 모양)

코바늘뜨기를 가르치다 보면 수강생들이 코바늘을 저마다 다른 방식으로 잡고 있는 걸 보게 됩니다. 대개 글씨를 쓰는 손으로 코바늘을 잡는데, 물론 그것이 규칙은 아니에요. 오른손으로 코바늘을 잡는다면, 뜨개질을 오른쪽에서 왼쪽으로 하게 되겠죠(사슬코와 되돌아뜨기는 예외입니다). 새로운 도구를 처음 사용할 때는 누구나 어려움이 있지만, 금세 잘 다루게 될 겁니다. 연필이나 칼도 그랬듯이 말이에요. 코바늘을 어떻게 잡아야 한다는 법칙은 없어요. '가장 좋은 방법'도 없고요. 그러니 지금 잡는 방법이 편하다면 계속 그대로 하면 됩니다! 배우고 있는 중이라면 여러 방법을 시도해 보시고요. 그러다 보면 자신에게 가장 잘 맞는 방법을 찾게 될 겁니다.

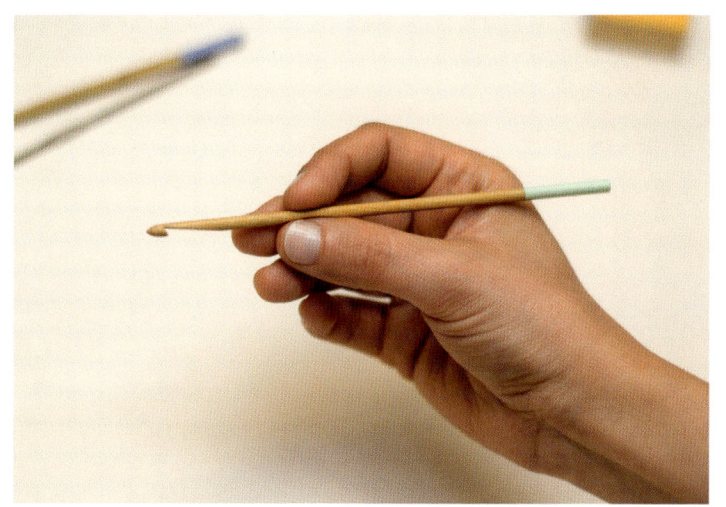

연필 그립
연필을 잡을 때처럼, 편평한 부분(엄지 받침)의 가운데를 엄지와
집게손가으로 잡습니다.

나이프 그립
나이프를 잡을 때처럼, 코바늘의 뒷부분은 손바닥에 붙이고 엄지와
집게손가락으로 코바늘을 잡습니다.

실 잡기
실 잡는 방법은 다양한데, 각자 선호하는 방식으로 잡으면 돼요. 실을 손가락 사이에 끼워도 되고,
그냥 손바닥과 손가락 두세 개 사이에 둬도 되지요. 어떻게 잡든 뜨개질을 하는 동안 실 잡아당기는 힘만 고르게 유지하면 돼요.
실을 잡아당기는 힘을 제대로 조절하려면 연습이 필요할 거예요. 또한 이 손을 그대로 '유지'하는 것도 꽤 힘들지요.
손에 점점 압박이 가해지거든요. 그러니 코바늘뜨기 전과 후에는 손 체조를 하는 게 좋아요.
그리고 바늘을 한번 잡으면 놓기가 쉽지 않겠지만, 뜨개질을 너무 오래 하지 않도록 주의하세요!

뜨기법
기본 뜨기법은 몇 가지밖에 없어요. 변형과 여러 뜨기를 결합한 방법은 셀 수 없이 많지만 기본 몇 가지만 익히면 되지요.
모든 코바늘뜨기법은 다음의 두세 가지 동작을 결합해서 만듭니다.
- 뒤에서 앞으로 코바늘에 실 감기(실 감기)
- 코바늘을 코에 집어넣기
- 코바늘에 걸린 한 개 이상의 고리 사이로 실 잡아 빼기

기본 뜨기법도 여러 방식이 있는데, 이 책에서는 제가 배우고 사용하는 방법들만 설명하려고 해요.
앞서 말했듯이 코바늘뜨기에는 엄격한 규칙은 없어요. 이 기법들을 자신에 맞게 적용하면 됩니다.

매듭지은 고리(Slip Knot)

코바늘로 뜨는 거의 모든 편물이 이 매듭지은 고리로 시작됩니다.
매듭지은 고리는 코바늘로 만들어야 하는 첫 번째 고리이지요.

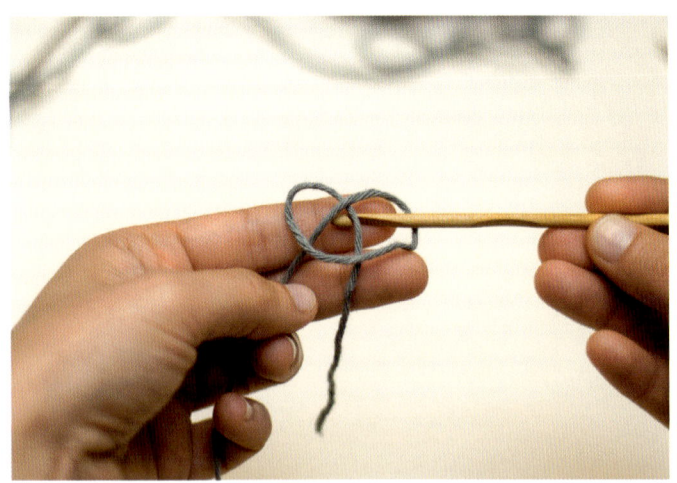

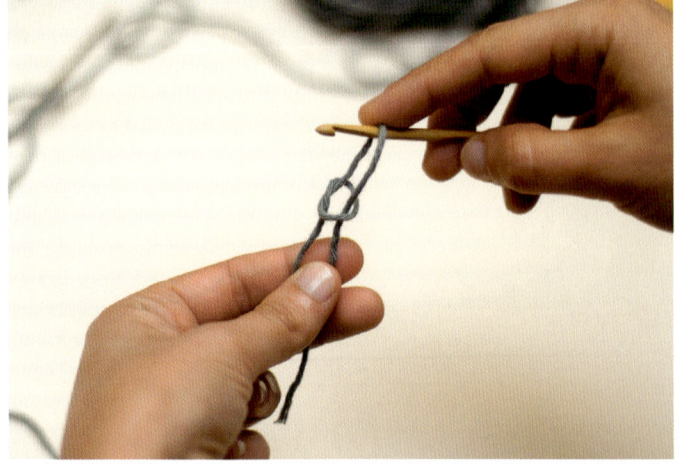

1 실 끝으로 고리 모양을 만듭니다.
2 코바늘을 고리에 넣습니다.
3 실 끝을 당겨서 코바늘에 걸린 고리를 조입니다.

매듭지은 고리는 코로 세지 않아요. 저는 평소에 매듭을 하나 더 만드는데, 이렇게 하면 매듭지은 고리가 풀리지 않습니다.

사슬(Chain Stitch)

사슬은 코바늘뜨기 편물에서 기본으로 사용되는 뜨기법입니다. 평면뜨기를 할 때 첫 단은 (거의) 항상 사슬로 만들지요. 모티브를 연결할 때와 방향을 돌릴 때도 사슬을 만듭니다.

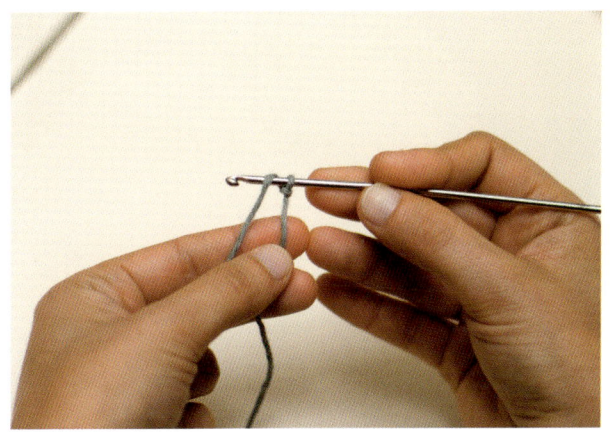

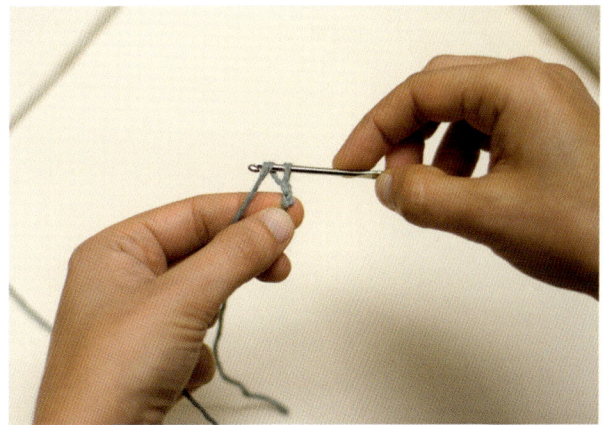

1 코바늘에 실을 둥글게 뒤에서 앞으로 감습니다. 이 동작을 '실 감기'라고 합니다. 실을 코바늘에 감아도 되고 코바늘을 실 밑에서 비틀어도 됩니다.
2 코바늘을 뒤로 끌어당겨 바늘에 걸린 고리(매듭지은 고리) 사이로 실을 잡아 뺍니다.
3 이제 새로운 고리가 만들어지는데, 이것이 첫 번째 사슬코입니다.

위 과정을 반복하여 필요한 만큼의 사슬코를 만듭니다.

참고 실을 감을 때 편물을 잘 잡고 있어야 합니다. 그렇지 않으면 편물이 코바늘을 휘감습니다.

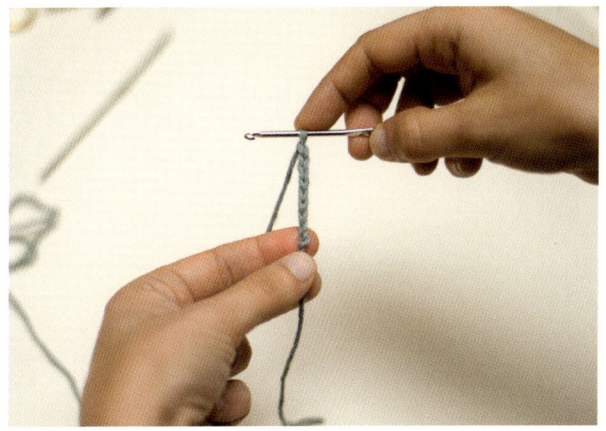

기초사슬코

기초사슬코는 평면뜨기로 뜬 편평한 편물을 만들 경우에 반드시 떠야 하는, 사슬코로 된 끈입니다. 대바늘뜨기를 시작할 때 뜨는 시작단과 같지요.

참고 사슬코를 뜰 때마다 실과 편물을 잡은 손을 코바늘에 가깝게 계속 옮겨주세요. 그래야 기초사슬코를 고르게 만들 수 있답니다.

기둥코

평면뜨기를 할 때 떠야 하는 코의 높이로 코바늘을 가져오기 위해 단의 끝 또는 시작 부분에 뜨는 사슬코를 말합니다.
단, 짧은뜨기 단에서는 기둥코를 총 콧수에 포함하지 않지요.
기둥코의 수는 다음과 같습니다.

- 짧은뜨기 단   사슬 1코
- 긴뜨기 단   사슬 2코
- 한길긴뜨기 단   사슬 3코

코 세기

코를 세는 이유는 패턴을 따라 제대로 뜨고 있는지를 확인하기 위해서예요. 가장 쉬운 방법은 뜬 코의 윗부분을 보는 것이죠. 이때 매듭지은 고리나 코바늘에 걸려 있는 고리(뜨는 고리)는 세지 말아야 해요. 뜨개질을 하는 도중에 가끔씩 코를 세서 패턴에 나온 콧수대로 떴는지 확인하세요.

참고 모든 코는 위에서 보면 V처럼 보입니다. 익숙해지면 어떤 각도에서도 코를 셀 수 있게 될 겁니다!

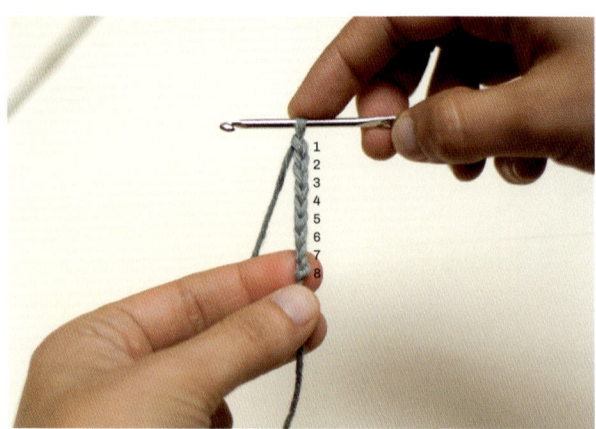 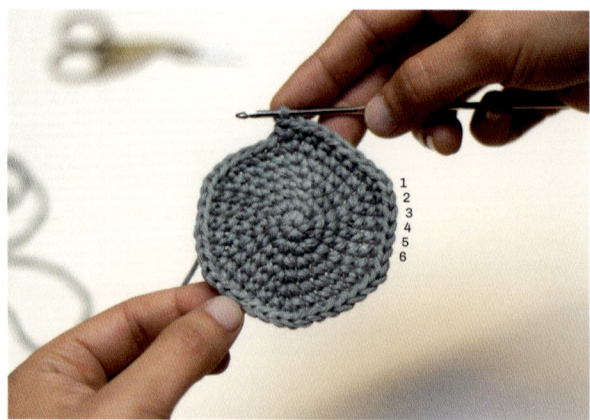

코바늘 넣기 (코바늘을 넣는 위치)

코바늘을 코에 넣을 때는 앞에서 뒤로 넣고, 코바늘의 끝은 아래나 옆을 향해 있게 하세요. 그래야 코바늘이 실이나 편물에 걸리지 않습니다. 주로 코 전체(앞뒤고리)에 넣어 뜨는데, 코의 앞고리나 뒷고리에만 넣어 뜨기도 합니다.

 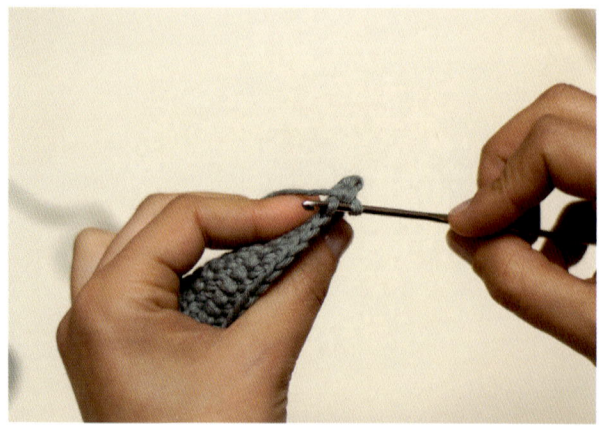

앞뒤고리 패턴에 다른 방법이 명시되지 않는 한 기본적으로 코바늘을 앞뒤고리에 넣어 뜹니다.

앞고리에서만 뜨기 앞쪽 즉, 뜨개질을 하는 사람과 가까운 고리 아래에 코바늘을 넣습니다.

뒷고리에서만 뜨기 뒤쪽 고리 아래에 코바늘을 넣습니다. 이럴 경우 앞고리가 가로줄로 남는데, 이 자체로 모양이 되지요. 앞고리는 다시 실을 연결하는 데 사용되기도 합니다.

빼뜨기(Slip Stitch)

단 끝을 연결하여 원을 만들거나, 편물 조각을 연결할 때, 또는 편물 조각을 마무리할 때 사용하는 방법입니다. 여러 코를 건너뛰어 편물의 다른 부분으로 넘어갈 때도 사용되지요(도일리나 그래니 스퀘어 같은 모티브가 대표적입니다).

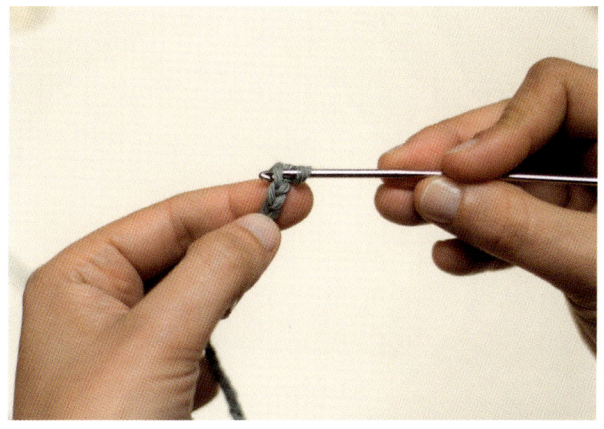
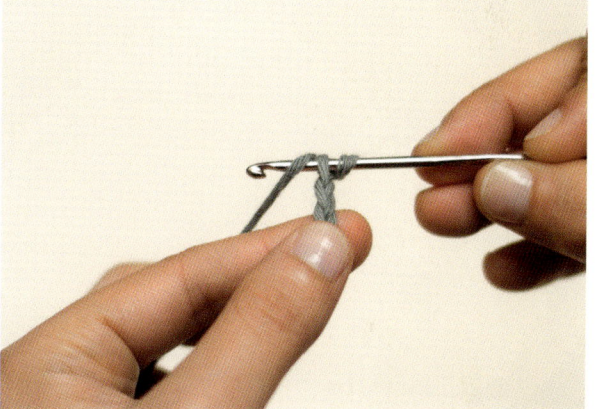
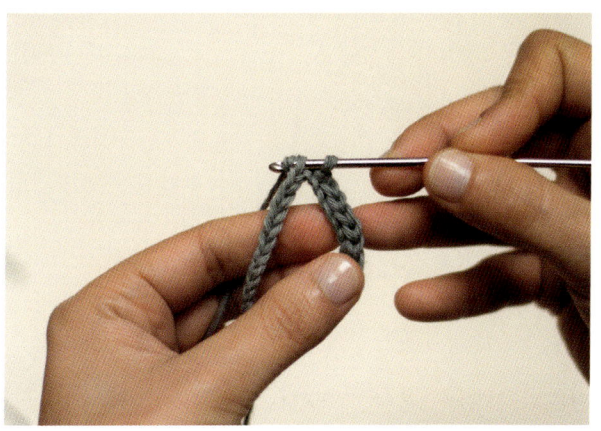

1 (기초사슬코에서) 다음 코(두 번째 사슬코)의 앞뒤고리에 코바늘을 넣습니다.
2 코바늘에 실을 감아 앞뒤고리 사이로 한 번에 잡아 뺍니다.

참고 편물을 마무리하기 위해 또는 장식하기 위해 마지막 단에서 빼뜨기를 할 때는 코를 약간 느슨하게 떠야 편물이 주름지지 않아요.

빼뜨기로 사슬고리 연결하기(고리 모양의 기초사슬코)
1 코바늘을 첫 번째 사슬코에 넣습니다.
2 코바늘에 실을 감아 앞뒤고리 사이로 한 번에 잡아 뺍니다.

짧은뜨기(Single Crochet)

코바늘로 인형을 뜰 때 가장 적합한 뜨기법이에요. 편물을 쫀쫀하게 짤 수 있어 인형의 형태를 유지하기도 좋고 솜이 비치지도 않지요(물론 솜을 너무 많이 채우지 않을 경우에요).

평면뜨기에서(편평한 편물)

기초사슬코에서 시작합니다.

1. 코바늘을 두 번째 사슬코에 넣습니다.
2. 코바늘에 실을 감습니다.
3. 실을 사슬코 사이로 잡아 뺍니다. 이제 코바늘에는 고리 두 개가 있습니다.
4. 다시 코바늘에 실을 감습니다.
5. 코바늘을 코바늘에 걸린 고리 두 개 사이로 한 번에 잡아 뺍니다.
6. 코바늘에 고리 한 개만 남게 되면, 짧은뜨기 한 코를 완성한 것입니다.
7. 코바늘을 다음 코에 넣고 2-6의 과정을 반복하여 모든 사슬코에서 짧은뜨기를 합니다.
8. 단의 끝에서는 다음 단을 시작하기 위해 사슬(기둥코) 1코를 뜨고 편물의 방향을 돌립니다.
9. 기둥으로 세운 사슬코 다음 코에 코바늘을 넣어 짧은뜨기를 뜹니다.
10. 단의 끝까지 계속해서 짧은뜨기를 뜹니다.

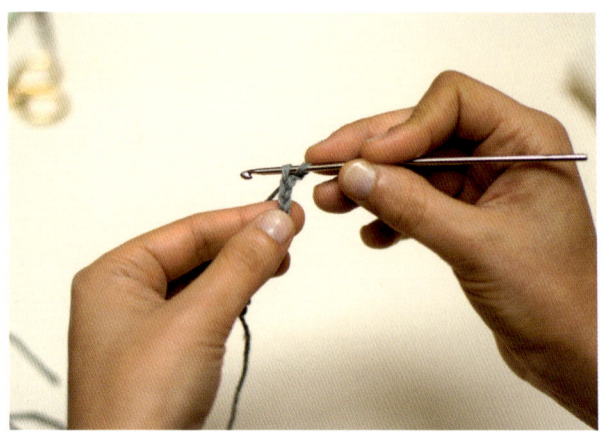
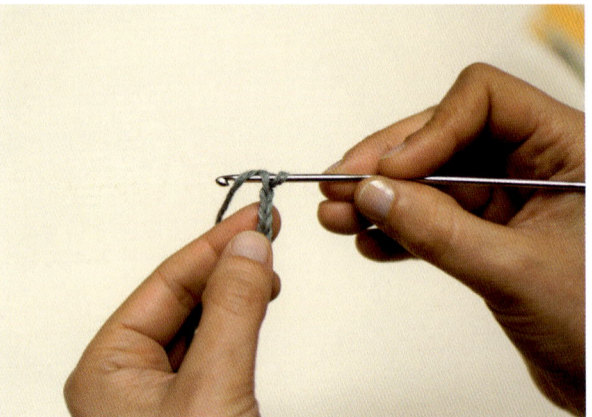
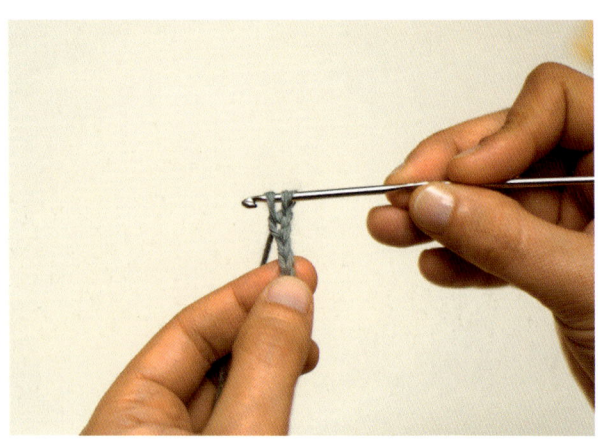
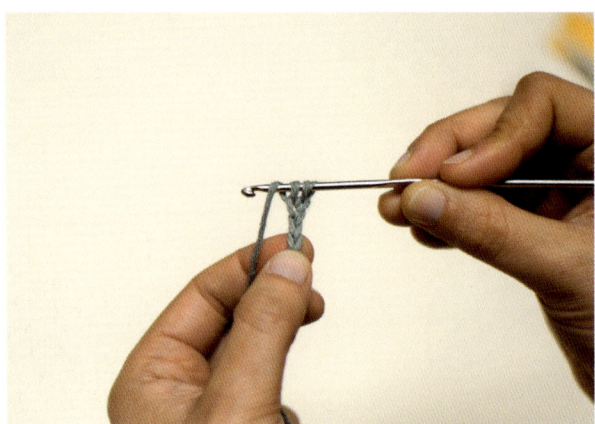

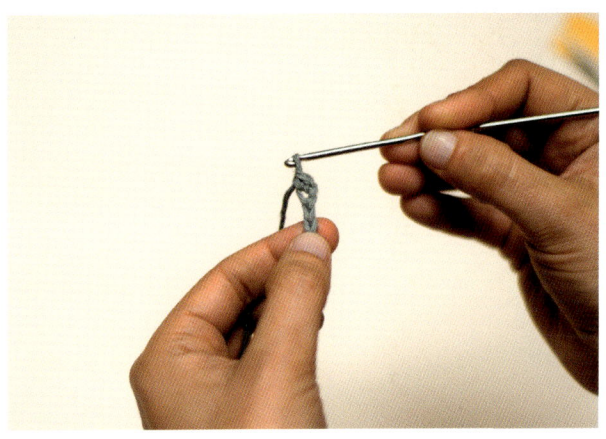

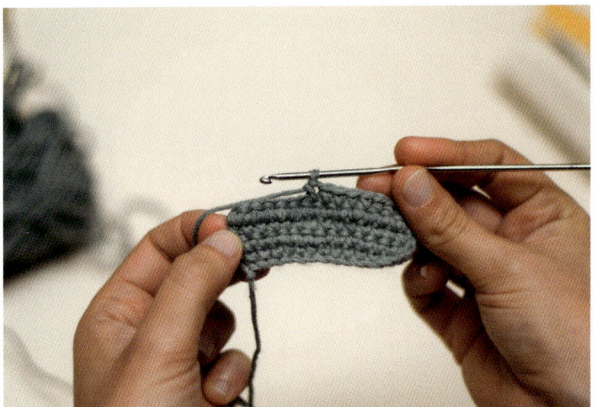

참고 평면뜨기를 할 때는 사슬(기둥코)을 세우고 편물의 방향을 돌려도 되고, 방향을 돌린 다음 사슬코를 떠 기둥코를 세워도 됩니다. 어떤 순서로든 일관되게만 하세요.

나선형 뜨기에서(원통 모양 편물)

기초사슬코에서 시작합니다.

1 사슬코가 꼬이지 않게 잘 잡고 코바늘을 첫 번째 사슬코에 넣습니다.
2 첫 번째 사슬코에서 빼뜨기를 하여 기초사슬코를 고리로 만듭니다.
3 각 사슬코에서 짧은뜨기 1코를 떠 처음 자리로 돌아옵니다.
4 첫 번째 짧은뜨기한 코에서 짧은뜨기 1코를 뜨고(이때 빼뜨기로 원형 단을 연결하지 않습니다), 짧은뜨기를 한 코에 스티치마커를 끼웁니다.
5 계속 짧은뜨기를 하다가 스티치마커를 끼운 자리에 오면 스티치마커를 빼고 이 코에서 짧은뜨기를 한 다음, 다시 스티치마커를 끼웁니다. 이 과정을 반복합니다.

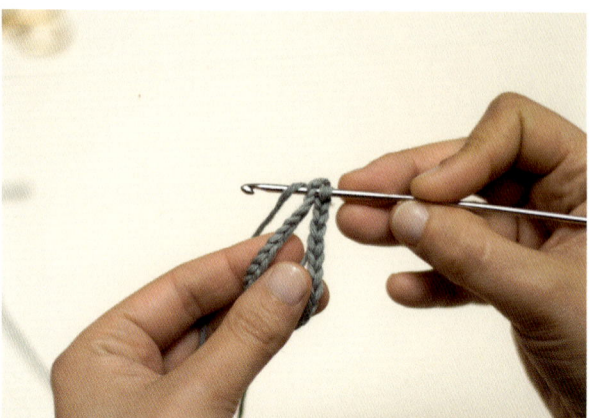

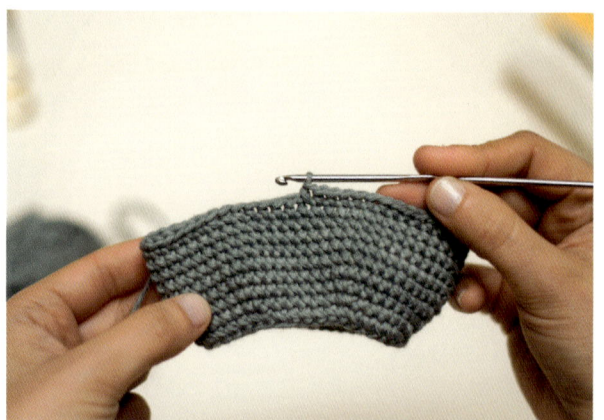

V-짧은뜨기

x-짧은뜨기

V-짧은뜨기와 x-짧은뜨기의 차이

코바늘뜨기에 능숙한 사람이라면, 제 방식이 여러분이 아는 것과 좀 다르다는 것을 알아차렸을 겁니다. 저는 코바늘에 실을 감을 때 실을 코바늘 위가 아닌 아래로 감습니다. 이렇게 하면 V자 모양이 아닌 x자 모양의 짧은뜨기가 나옵니다.

긴뜨기(Half Double Crochet)

긴뜨기는 짧은뜨기와 한길긴뜨기의 중간 높이입니다. 짧은뜨기보다 좀 느슨한 편물을 만드는 방법으로 유동성이 있어 인형을 만드는 데 유용하지요. 또한 높이를 높이거나 낮춰야 할 때(예: 잎사귀나 동물의 귀를 만들 때) 사용됩니다.

기초사슬코에서 시작하기

기초사슬코의 처음 2코는 첫 단의 기둥 사슬코로, 2코를 합쳐서 첫 코로 셉니다.

1. 코바늘에 실을 뒤에서 앞으로 감습니다.
2. 코바늘을 세 번째 코에 넣고 다시 실을 감습니다.
3. 한 개의 고리 사이로 실을 잡아 뺍니다. 이제 코바늘에는 고리 세 개가 있습니다.
4. 다시 실을 감아서 코바늘에 있는 세 개의 모든 고리 사이로 잡아 뺍니다. 이렇게 첫 번째 긴뜨기를 떴습니다.
5. 실을 감아 코바늘을 다음 코에 넣습니다. 계속해서 모든 사슬코에서 긴뜨기를 뜹니다.
6. 단의 끝에 이르면 사슬(기둥코) 2코를 뜨고 편물의 방향을 돌려서 다음 단을 시작합니다.
7. 코바늘로부터 세 번째 코(아랫단에 있는 코)에 코바늘을 넣어서 긴뜨기 한 코를 뜹니다.
8. 단의 끝까지 긴뜨기를 뜹니다.

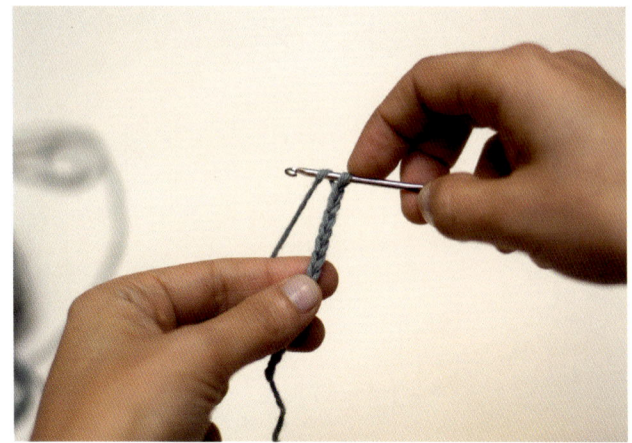 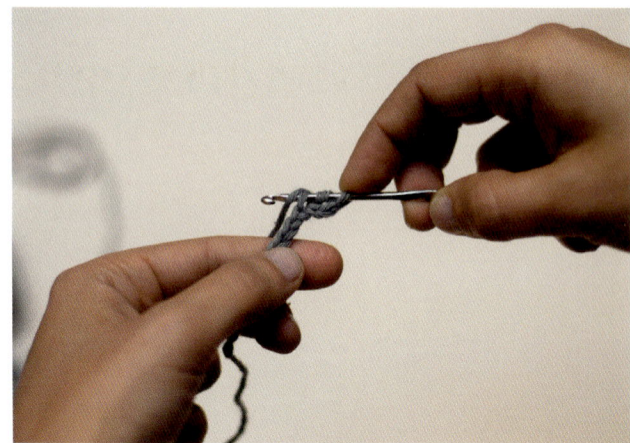

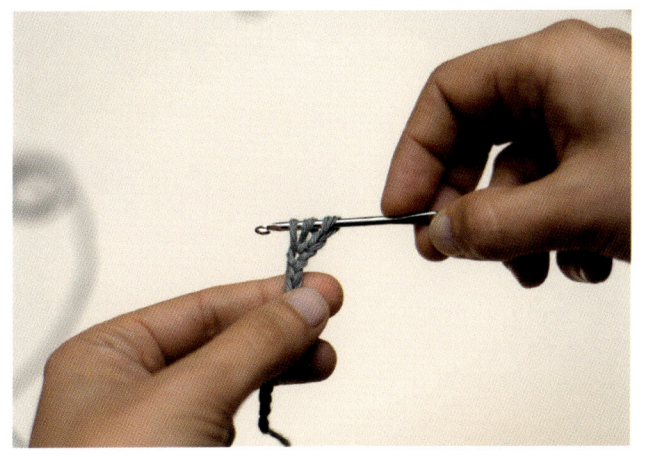
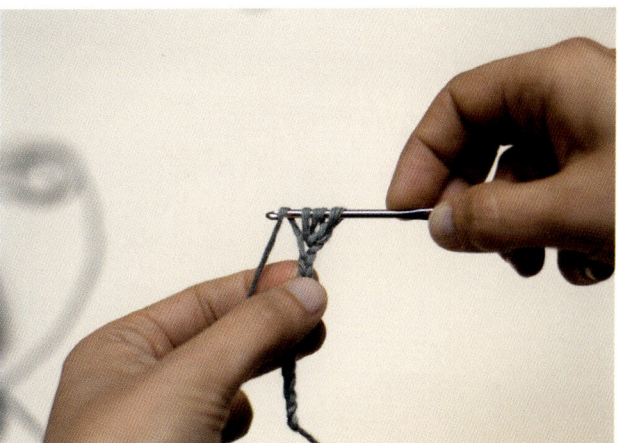
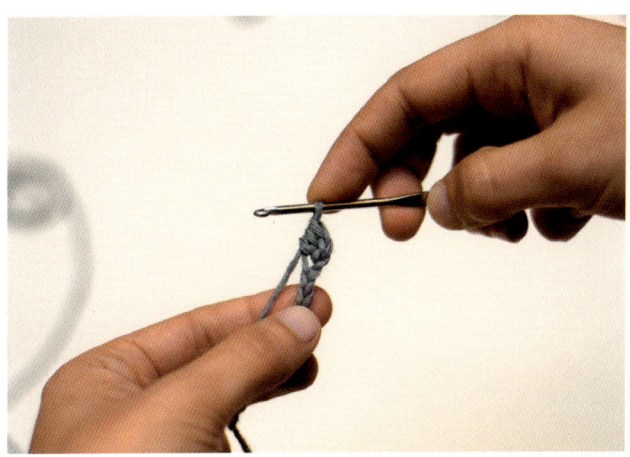

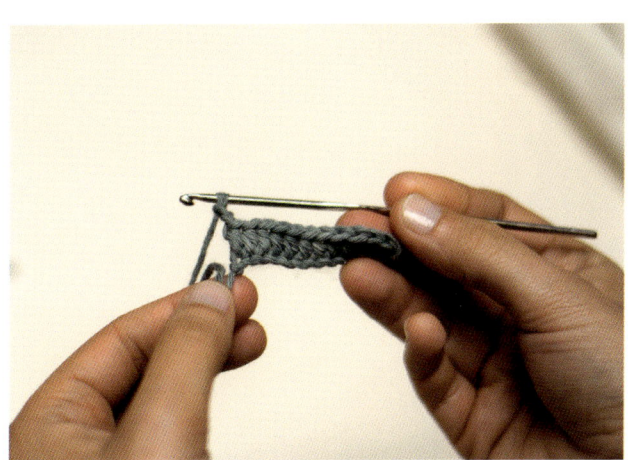

한길긴뜨기(Double Crochet)

코바늘로 의류나 담요를 뜰 때 가장 많이 사용하는 방법일 것입니다. 반면 인형을 뜰 때는 드물게 사용됩니다.

기초사슬코에서 시작하기

기초사슬코의 처음 3코는 첫 단의 기둥 사슬코로, 3코를 합쳐서 첫 코로 셉니다.

1. 코바늘에 실을 뒤에서 앞으로 감습니다.
2. 코바늘을 네 번째 코에 넣고 다시 실을 감습니다.
3. 한 개의 고리 사이로 실을 잡아 뺍니다. 이제 코바늘에는 고리 세 개가 있습니다.
4. 다시 실을 감아서 코바늘에 있는 처음 두 개의 고리 사이로 잡아 뺍니다. 이제 코바늘에는 두 개의 고리가 남아 있습니다.
5. 마지막으로 코바늘에 실을 감아 코바늘에 있는 두 개의 고리 사이로 잡아 뺍니다. 이렇게 한길뜨기 한 코를 떴습니다.
6. 실을 감아 코바늘을 다음 코에 넣습니다. 계속해서 모든 사슬코에서 한길긴뜨기를 뜹니다.
7. 단의 끝에 이르면 사슬(기둥코) 3코를 뜨고 편물의 방향을 돌려서 다음 단을 시작합니다.
8. 코바늘로부터 네 번째 코(아랫단에 있는 코)에 코바늘을 넣어서 한길긴뜨기 한 코를 뜹니다.
9. 단의 끝까지 한길긴뜨기를 뜹니다.

 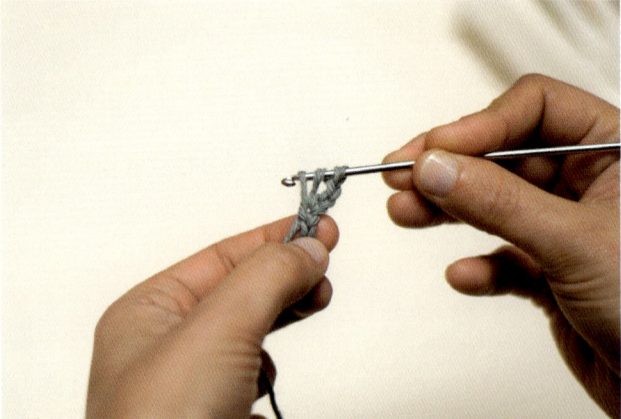

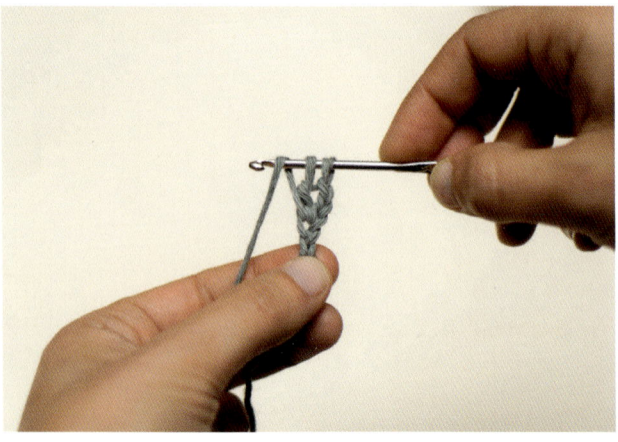 

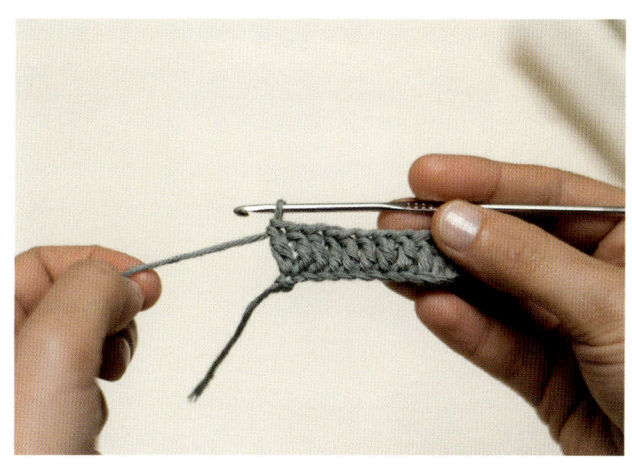

구슬뜨기(Bobble Stitch)

한 코에서 여러 개의 코를 뜨는 방법입니다. 각 코를 뜰 때마다 마지막 고리를 코바늘에 남겨두었다가
마지막에 남겨둔 고리들을 연결하여 코를 마감하지요. 한 코에서 뜨는 코의 수는 다양한데,
3코나 5코가 일반적입니다. 이 책에서는 항상 한길긴뜨기 5코 구슬뜨기를 하지요.
그리 많이 사용되는 뜨기법은 아닌데, 저는 인형의 손가락과 발가락을 만들 때 이 뜨기법을 사용해요.
코나 귀, 다른 공 모양의 세부 장식을 뜰 때도 유용합니다.

1. 코바늘에 실을 감은 뒤, 코바늘을 코에 넣습니다.
2. 다시 실을 감아 코 사이로 잡아 뺍니다. 이제 코바늘에는 세 개의 고리가 있습니다.
3. 다시 실을 감아 코바늘에 있는 처음 두 개의 고리 사이로 잡아 뺍니다. 이제 절반의 한길긴뜨기가 있고, 코바늘에는 두 개의 고리가 남아 있습니다.
4. 코바늘을 같은 코에 넣어 절반의 한길긴뜨기(2-3의과정)를 네 번 더 뜹니다. 이렇게 하면 한 코에서 절반의 한길긴뜨기 5코가 생깁니다.
5. 코바늘에 실을 감아 코바늘에 걸린 여섯 개의 모든 고리 사이로 한 번에 잡아 뺍니다.

구슬뜨기

짧은 앞뒤걸어뜨기(Single rib Crochet)

걸어뜨기는 바늘을 코의 머리가 아닌 기둥에 넣어 뜨는 방법으로, 코를 넣는 방향에 따라 앞걸어뜨기와 뒤걸어뜨기로 구분해요.
앞뒤걸어뜨기는 앞걸어뜨기와 뒤걸어뜨기를 한 번씩 번갈아가면서 뜨는 것이죠. 주로 한길긴뜨기로 뜨는데 짧은뜨기로 해도 됩니다.

1 코바늘을 이전 단에서 뜬 기둥을 감싸며 앞에서 뒤로 넣었다가 다시 앞으로 가져옵니다.
2 실을 감아 기둥을 감싸며 고리를 당기는데, 여느 때보다 실을 조금 더 길게 당깁니다.
3 실을 감아 코바늘에 걸린 두 개의 고리 사이로 잡아 뺍니다.
4 이제 첫 번째 짧은 앞걸어뜨기를 끝냈습니다.

5 이번엔 코바늘을 뒤에서 앞으로 넣었다가 다시 뒤로 가져가며 다음 기둥을 감쌉니다.
6 실을 감아 기둥을 감싸며 고리를 당깁니다. 이때도 실을 조금 더 길게 당깁니다.
7 실을 감아 코바늘에 걸린 두 개의 고리 사이로 잡아 뺍니다.
8 단의 끝까지 **1-7**의 과정을 반복합니다.

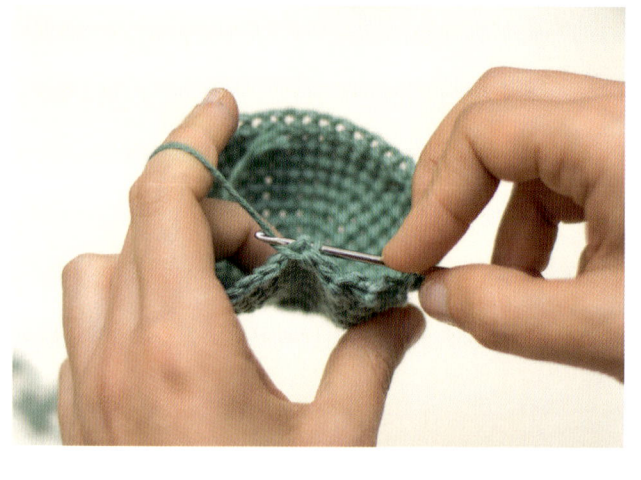

코 늘리기와 코 줄이기

코 늘리기와 코 줄이기는 의류나 작품의 모양을 만들 때 사용됩니다.

코 늘리기(Increase)

한 코에서 2코 이상을 떠 콧수를 늘리는 방법입니다.

1 한 코를 뜹니다.
2 같은 코에 코바늘을 넣습니다.
3 또 한 코를 뜹니다.

코 줄이기(Decrease)

2코 이상을 함께 떠서 콧수를 줄이는 방법입니다. 모티브 패턴을 뜰 때는 대개 한 코 이상을 건너뛰어서 코를 줄이는데, 인형을 만들 때 이 방법을 쓰면 구멍이 생겨서 솜이 빠져나올 수 있으므로, 여기에서는 이 방법을 쓰지 않습니다.

전통적인 코 줄이기

제가 코 줄이기를 처음 배울 때 익힌 방법인데 요즘은 잘 사용하지 않습니다. 쫀쫀하게 뜨지 않으면 작은 구멍이 생길 수 있어 인형 만들기에 적합하지 않기 때문이에요.

1 이전 단에서 뜬 연이은 두 개의 코에서 각각 코를 뜨는데, 마지막 고리를 남겨서 코를 불완전 상태로 뜹니다.
2 코바늘에 실을 감습니다.
3 코바늘에 걸린 세 개의 모든 고리 사이로 실을 잡아 뺍니다.

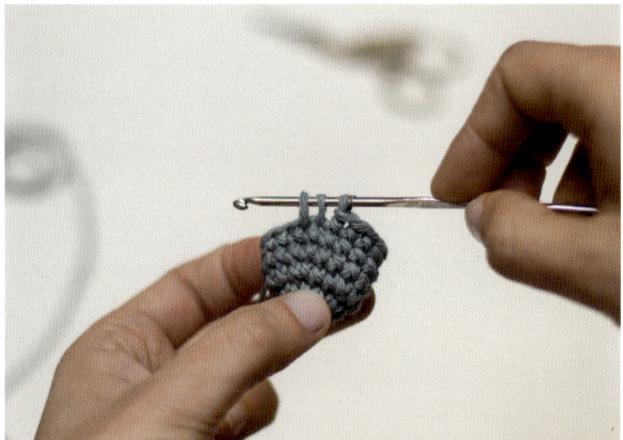

보이지 않게 코 줄이기(Invisible Decrease)

코바늘뜨기로 인형을 만들 때 주로 사용되는 방법입니다. 코 줄이기를 한 코가 다른 코와 매우 비슷해 보인답니다.

1 코바늘을 첫 번째 코의 앞고리에 넣습니다.
2 코바늘을 두 번째 코의 앞고리에 넣습니다. 이제 코바늘에는 세 개의 고리가 있습니다.
3 실을 감아 코바늘에 걸린 처음 두 개의 고리 사이로 잡아 **뺍니다**.
4 다시 실을 감아 코바늘에 걸린 남은 두 개의 고리 사이로 잡아 **뺍니다**.

나선형 뜨기 (Working in Spirals)

도일리나 모자 같은 원형 편물을 만들 때, 대개 각 단의 끝에서 빼뜨기를 하고 기둥코를 세우는 원형뜨기를 합니다. 그런데 빼뜨기를 하면 그 표시가 남아 그 모양이 흉터처럼 거슬리더라고요. 그래서 저는 인형을 뜰 땐 어떤 표시도 남지 않고 단을 끝맺지 않는 나선형 뜨기를 한답니다. 이때 스티치마커가 꼭 필요하지요. 새 단이 시작되는 곳을 표시해 두어야 하니까요. 스티치마커를 각 단의 끝에 놓을지 처음에 놓을지는 마음대로 정하되, 선택한 방식은 끝까지 유지해야 합니다. 한 단을 완성할 때마다 스티치 마커를 옮겨서 현재 위치를 파악하세요.

실고리로 원형코 만들기 (Magic Ring)

실고리로 원형코 만들기는 원형뜨기를 시작하는 가장 좋은 방법입니다. 길이를 조절할 수 있는 고리에 필요한 수만큼 코를 만든 뒤, 고리를 조이기 때문에 가운데에 구멍이 생기지 않는 장점도 있지요. 그래서 솜을 채우는 인형에 적합합니다(구멍 사이로 솜이 삐져나올 일이 없으니까요). 실고리로 원형코 만들기를 시작하는 방법은 여러 가지가 있는데, 모두 처음에는 다소 어려울 수 있습니다. 하지만 자꾸 연습하면 금세 익숙해질 테니 걱정 마세요. 장담하는데, 첫 인형을 완성하면 이 기법을 완벽하게 익히게 될 겁니다.

1 먼저 매듭지은 고리를 시작할 때처럼 실을 교차시켜서 실고리를 만듭니다.
2 한 손으로 실고리를 잡고, 실고리 가운데에 코바늘을 집어넣어 실을 감은 뒤 잡아 뺍니다.
3 계속 실고리를 잡은 상태에서(이것이 중요해요!) 다시 실을 감습니다.
4 실을 코바늘에 걸린 고리 사이로 잡아 빼서 사슬 한 코를 만듭니다. 이 사슬코가 실고리를 붙잡아줄 거예요.
5 코바늘을 다시 실고리 안과 실 끝 아래(두 가닥이 교차하는 것처럼 보여요)에 넣습니다. 코바늘에 다시 실을 감아 잡아 뺍니다.
6 코바늘에 다시 실을 감습니다.
7 코바늘에 걸린 고리 두 개 사이로 실을 잡아 뺍니다. 이제 실고리에서 첫 번째 짧은뜨기를 뜬 거예요.
8 5-7의 과정을 반복하여 필요한 수만큼의 코를 뜹니다.
9 실 끝을 잡아당겨서 실고리의 가운데를 바짝 조입니다. 걱정하지 말고 정말 바짝 당기세요.
10 마지막에 빼뜨기를 해서 원을 연결해도 되지만 전혀 그럴 필요 없어요. 제 경우에는 유일하게 단을 연결하는 부분입니다.

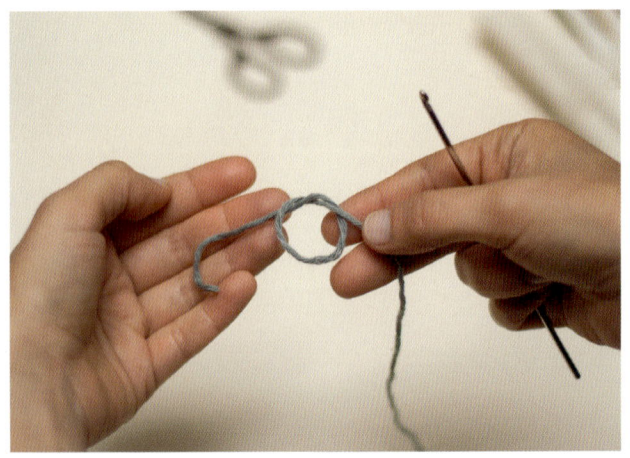
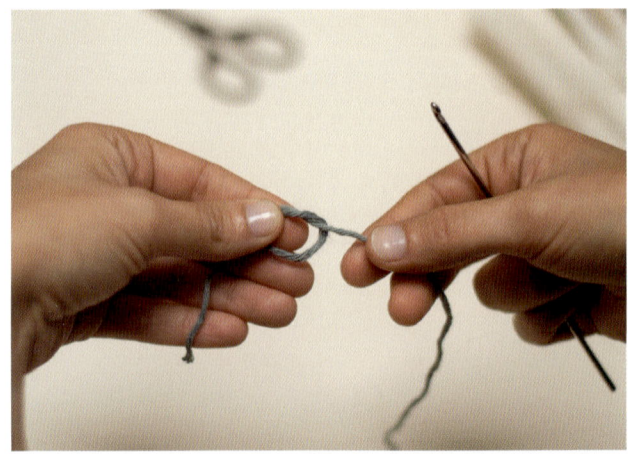

 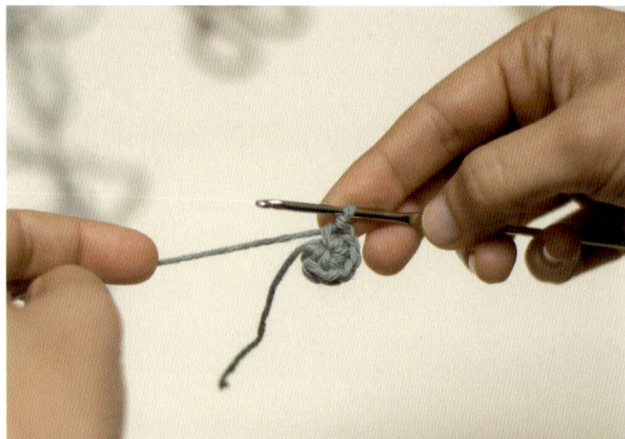
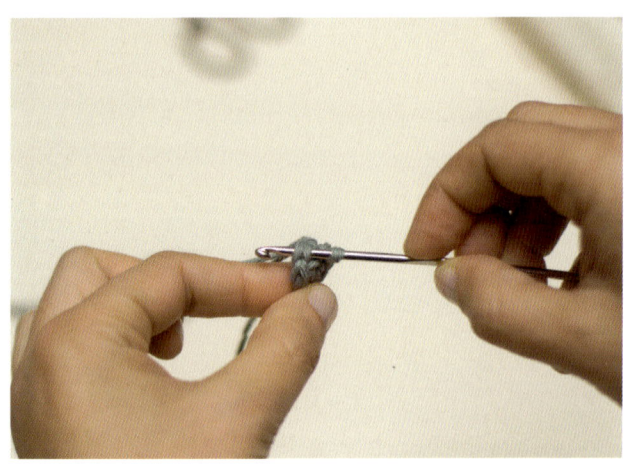 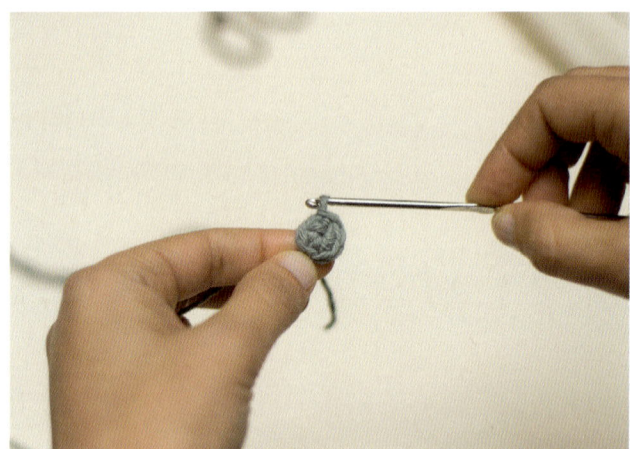

기초사슬코로 타원형 뜨기

타원형을 만들고 싶다면 기초사슬코를 떠서 원형뜨기(또는 나선형 뜨기)를 하면 됩니다. 러그나 가방 바닥을 뜰 때 사용하는 방식이지요. 인형 주둥이나 귀, 일부 캐릭터의 몸통을 뜰 때도 이 기법을 이용할 겁니다.

1. 필요한 수만큼 기초사슬코를 뜹니다.
2. 코바늘로부터 두 번째 코에서 짧은뜨기를 뜹니다(때로 패턴에서 코 늘리기를 하라고 할 수 있어요).
3. 각 코에서 짧은뜨기를 뜹니다.
4. 마지막 코에서는 대개 코 늘리기를 하는데, 그래야 편물의 방향을 돌리고 기초사슬코의 맞은편 고리에서 계속 짧은뜨기를 할 수 있습니다.
5. 기초사슬코의 맞은편(밑면)에서 뜨기 위해 편물을 뒤집습니다. 각 코에서 뜰 수 있는 고리가 하나밖에 없다는 점에 주의하세요.
6. 각 고리에서 계속 짧은뜨기를 뜹니다.
7. 마지막 짧은뜨기는 첫 짧은뜨기 옆에 있어야 합니다(패턴에 따라 이것이 코 늘리기가 될 수도 있어요).
8. 이제부터는 나선형 뜨기를 할 수 있습니다.

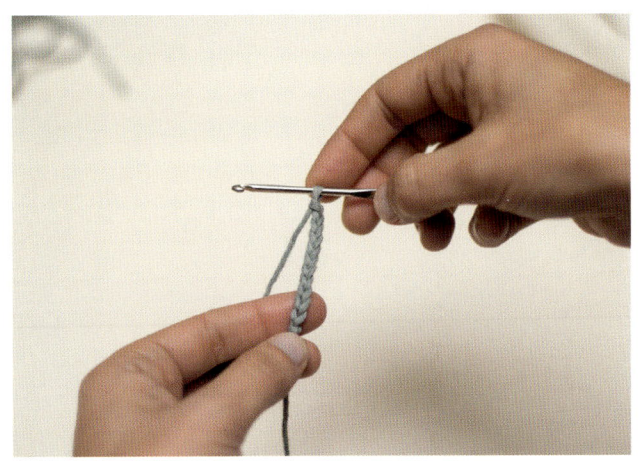
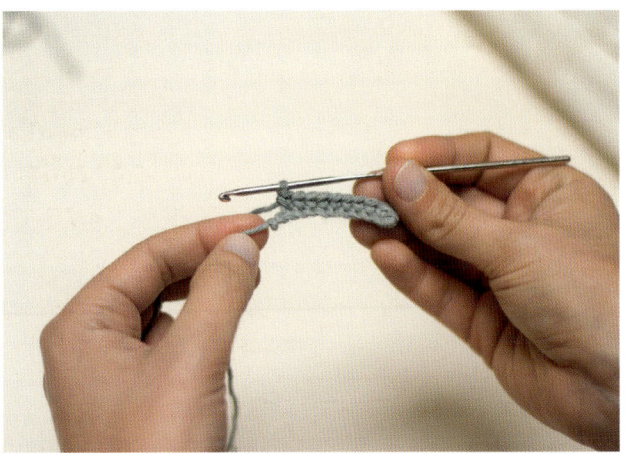

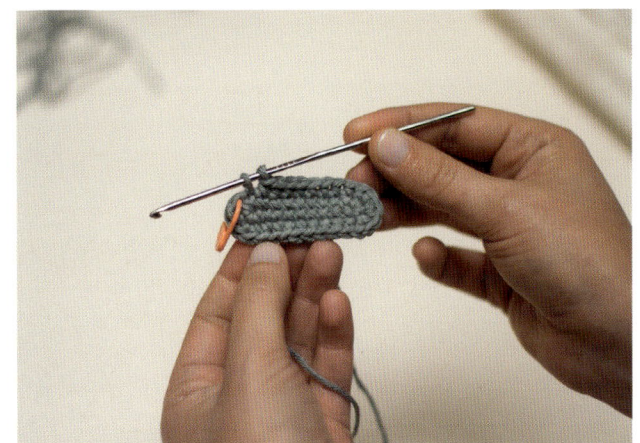

실 바꾸기(배색하기)와 연결하기

이 기법은 실의 색깔을 바꾸거나 뜨던 실이 동나서 새 실을 연결해야 할 때 사용합니다.

1 코바늘에 마지막 코의 고리 두 개가 남을 때까지 이전 실로 뜹니다.
2 바꿀 실로 마지막 코를 마무리합니다. 바꾼 실로 이전과 같이 계속 뜹니다.

실 끝은 나중에 필요하게 되니 자르지 마세요. 저는 이전 실과 바꾼 실의 끝을 묶어서 코가 느슨해지지 않게 합니다.

참고 평면뜨기에서 여러 색으로 줄무늬를 뜰 때에는 색깔 바꾸기를 이전 단의 마지막 코에서 하세요.

자카드 무늬 뜨기

한 번에 두 가지 이상의 색을 써서 모티브와 패턴을 만들 때 사용하는 기법입니다. 코바늘뜨기로 여러 가지 색칠을 하는 것과 비슷하죠. 어려워 보이지만, 도안을 보고 그대로 하면 됩니다. 색 바꾸는 위치와 콧수를 헷갈릴 일은 없을 거예요. 여러 실을 잡는 것이 복잡할 수 있습니다(심지어 좌절하게 될 수도 있어요). 제가 정말 쉬운 방법 하나를 알려드릴게요. 간단합니다.

사용하지 않는 실은 편물 뒤에 그냥 놔두세요. 그러다가 그 실을 사용할 때가 되면, 편물 뒤에서 그 실을 다시 잡아 현재 위치로 옮겨 오면 됩니다.

참고 실 바꾸기의 시작은 항상 한 코 앞에서 이루어져야 한다는 점을 꼭 기억하세요. 정말 중요하답니다(43쪽 '실 바꾸기와 연결하기' 참고).

1 패턴에 표시된 수만큼의 코를 뜹니다.
2 색 바꾸기는 항상 한 코 앞에서 시작한다는 점을 생각하면서, 사용하고 싶은 색의 실을 뒤에서 잡아 색 바꾸기를 해야 하는 곳으로 가져옵니다.
3 색 바꾸기를 하는 동안 편물 안쪽에 남아 있는 실은 느슨하게 있어야 편물에 주름이 생기지 않습니다.

참고 저는 실 바꾸는 범위가 넓을 경우, 안쪽의 실을 잘라 서로 묶어버립니다. 실 바꾸기 때문에 편물 안쪽에 실이 망처럼 엇갈려 있으면 솜을 제대로 넣을 수 없기 때문이지요.

태피스트리 뜨기

태피스트리 뜨기는 자카드 무늬 뜨기와 비슷합니다. 단, 실을 편물에서 이동시키는 방법이 다르지요.

태피스트리 뜨기를 할 땐 사용하지 않는 실을 코 안에(V의 윗부분에) 끼워 옮기면서 뜨개질을 하거든요.

그러니까 코를 뜰 때마다 사용하지 않는 다른 색의 실을 감싼다는 뜻입니다.

그런데 이 차이가 편물의 모양, 특히 뒷면(안면)에 큰 차이를 가져옵니다.

완성된 편물이 태피스트리와 비슷하고(그래서 이런 명칭을 갖게 되었죠!), 앞뒤 어디에도 늘어진 실이 없지요.

그래서 양면 모두 보기 좋게 만들고 싶은 의류나 액세서리를 뜰 때 무척 유용합니다.

그러나 이 기법으로 뜬 부분이 '숨겨진' 실들 때문에 다소 두꺼워지게 되고,

'숨겨진' 색의 실이 코와 코 사이에서 보일 수 있다는 단점도 있습니다.

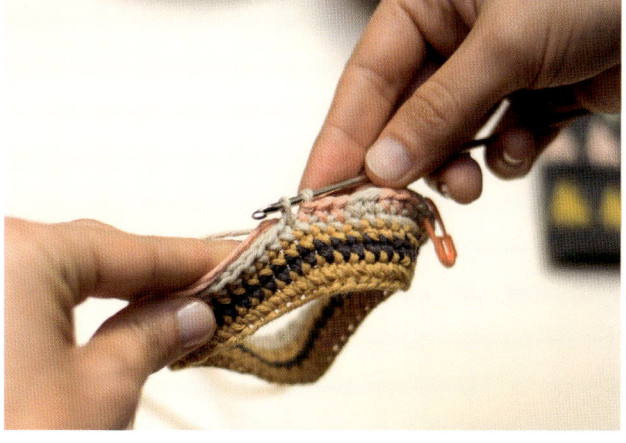 

참고 이 기법에 대해 좀 더 자세히 알고 싶고, 이 기법으로 뜰 수 있는 뛰어난 편물과 작품을 보고 싶은 분은 몰라 밀스(Molla Mills)의 작품을 찾아보세요.

마무리하기

편물을 완성하여 마무리하고 싶을 때는 실을 마지막 코에서 5㎝ 정도 남기고 자른 뒤,
실 끝을 코바늘에 걸린 고리 사이로 잡아 뺍니다.
완성한 편물을 바느질 할 계획이라면, 바느질해야 하는 코의 수를 고려해 실을 더 길게 남기고 자르세요.
바느질하지 않거나 솜을 채운 편물의 마지막 원형 단을 끝낸 경우라면 실 끝을 보이지 않게 정리해주세요.

편평한 편물의 실 끝 정리하기

1 실 끝을 돗바늘에 꿰웁니다.
2 편물의 안면을 앞에 오게 놓고, 돗바늘을 단의 아래에 있는 고리에 넣어(한 단 또는 몇 코) 실을 통과시킵니다.
3 남은 실 끝을 잘라냅니다.

솜을 채운 편물의 실 끝 정리하기

1 코 줄이기를 한 마지막 원형 단을 끝내고 마무리를 한 뒤, 실을 15㎝ 정도 남기고 자릅니다.
2 실 끝을 돗바늘에 꿰고, 돗바늘을 남아 있는 각 코의 앞고리로 넣습니다.
3 실을 잡아당겨서 구멍을 막습니다.
4 실 끝이 풀어지지 않도록 한두 코에 실을 누벼 넣습니다.
5 남는 실 끝은 잘라 버리고 코바늘을 이용해 안 보이게 편물 속에 감춥니다.

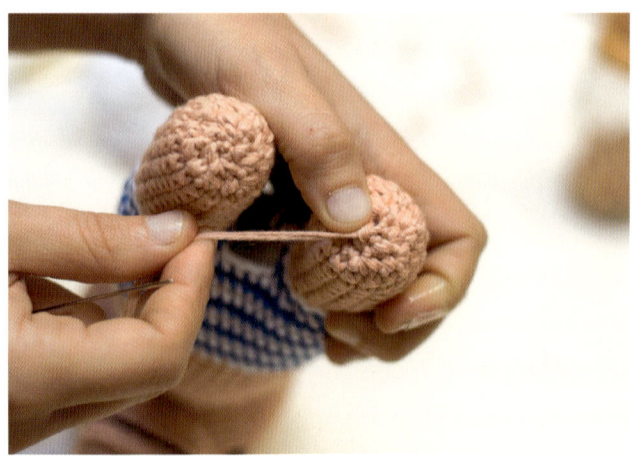

자수

저는 아직도 자수가 어렵습니다. 제가 유일하게 할 줄 아는 스티치는 어릴 때 인형 드레스를 손바느질로 만들면서 배운 백스티치입니다. 스트레이트스티치를 계속하면 그것이 백스티치인데, 깔끔한 선을 만들 수 있습니다.

1   돗바늘에 실을 꿰니다.
2   바늘을 편물 뒤(안면)에서 앞으로 뺀 다음, 짧은뜨기의 길이로 스트레이트스티치를 한 땀 수놓습니다(저는 바늘을 코와 코 사이의 공간에 넣어 바느질하는 것을 좋아합니다).

3   돗바늘을 한 땀 앞으로 빼서 방금 뜬 땀에 다시 넣습니다. 필요한 횟수만큼 계속 백스티치를 합니다.

편물 연결하기

지금까지 편물 조각들을 바느질하여 연결하는 작업을 즐기며 하는 사람을 본 적이 없는데, 저 역시 예외가 아닙니다.
저 대신에 해줄 사람이 있다면 기꺼이 비용을 지불할 생각이 있을 정도입니다.
그럴 만큼 이 작업이 별로 즐겁지는 않지만, 해야 하는 것이니 되도록 간단한 방법을 배우는 게 좋겠지요?
편물 조각의 위치가 헷갈린다면, 바느질하기 전에 미리 시침핀을 꽂아 연결하여 모양을 확인하세요.
가능하면(아니, 항상) 마무리를 하고 남긴 실로 바느질하여 연결해야 합니다.

구멍을 막지 않은 조각에 연결하기

머리처럼 솜을 채우지도 구멍을 막지도 않은 조각에 다른 조각(주둥이나 부리)을 연결할 때 쓰는 방법입니다.

1. 바느질하여 붙일 조각(주둥이)의 실을 바늘에 꿰웁니다.
2. 바느질하여 붙일 조각의 위치를 잡습니다. 필요하면 시침핀을 사용하세요.
3. 바늘을 앞에서 뒤(안쪽)로 넣어 첫 번째 땀을 뜹니다.
4. 바느질하여 붙일 조각의 끝단에서 각 코의 앞뒤고리 아래를 백스티치하여 연결합니다.

중요! 편물 조각에 있는 코가 30코라면, 백스티치를 최소한 30번은 해야 합니다.

5. 다 바느질하기 전에 잊지 말고 솜을 채우세요. 저는 솜을 끝까지 채우지 않으려고 하는데, 그래야 꿰맬 때 바늘이 솜에 얽히지 않아요.

구멍을 막은 조각에 연결하기

몸통처럼 솜을 채우고 구멍을 막은 조각에 다른 조각(팔)을 연결할 때 쓰는 방법입니다.

1. 바느질하여 붙일 조각(팔)의 실을 돗바늘에 꿰니다.
2. 바느질하여 붙일 조각의 위치를 잡습니다. 가능하면 코를 나란히 맞춥니다.
3. 먼저 구멍을 막은 조각(몸통)의 고리 하나에 바늘을 통과시킵니다.
4. 바느질하여 붙일 조각(팔)의 코 앞뒤고리에 바늘을 통과시킵니다.
5. 같은 방법으로 바느질하여 조각을 연결하고 마무리를 합니다. 실 끝을 보이지 않게 정리합니다.

코바늘뜨기의 용어와 기호

처음 보는 분에게는 도안이나 표를 읽기가 다소 어려울 수 있습니다.
하지만 용어와 해당 기호를 익히면 어떤 도안이나 표도 해석할 수 있으니 염려 마세요.
코바늘뜨기에는 전문 용어가 있고, 고유의 특이 사항이 있습니다.
아래 표는 코바늘뜨기의 용어와 해당 기호를 정리한 것입니다.

용어	US	기호
코	stitch (st)	
사슬	chain (ch)	○
빼뜨기	slip stitch (slst)	●
짧은뜨기	single crochet (sc)	×
긴뜨기	half double crochet (hdc)	T
한길긴뜨기	double crochet (dc)	╤
구슬뜨기	bobble stitch	⊕
코 늘리기	increase (inc)	V
코 줄이기	decrease (dec)	A
평면 단 / 원형 단	row/round (Rnd)	
고리	ring	

설명 읽는 법

둥근 괄호( ) 안에는 해당 단에서 반복해야 하는 뜨기법을 적어놓았습니다. 모난 괄호 [ ] 안의 숫자는 총 콧수입니다.
예를 들어, '3단: (짧은뜨기 1, 늘리기) × 6 [18코]'은 3단을 괄호 안의 내용(짧은뜨기 1코와 코 늘리기)을 6회 반복해서 뜨라는 말입니다.
해당 단을 다 떴을 때 콧수는 18코가 되지요.
뜨는 방식이 여러 단에 반복될 때는 '10-20단'처럼 표시했습니다.
이 경우, 10단부터 20단까지 같은 방식으로 뜨면 됩니다.

이제 본격적으로 인형을 만들어 볼까요?

꼭 제시된 실을 쓰지 않아도 됩니다. 저는 항상 DK나 라이트 우스티드 면사를 사용하는데,
다른 면사나 아크릴사, 모사로 대신해도 무방합니다. 단, 코바늘도 실에 맞춰 바꿔야 한다는 걸 잊지 마세요.
필요한 실의 양은 제시하지 않았습니다. 뜨개질을 얼마나 쫀쫀하게 하는지에 따라 필요한 양이 다르기 때문입니다.
그래도 색깔별로 한두 볼 정도면 충분합니다(DK나 라이트 우스티드의 경우, 70-100g이 필요합니다).
색깔은 정말 개인의 취향 문제입니다.
저는 파란색 계열을 좋아해 많이 사용하는데(거의 모든 캐릭터가 스트라이프 티셔츠를 입고 있는 것도 바로 그 때문이지요),
여러분도 좋아하는 색깔로 뜨길 권합니다. 그러면 애정과 만족감이 더 생긴답니다.
그래도 어떤 색을 선택해야 할지 망설여진다면, 책, 잡지, 영화, 온라인 컬렉션의 그림 등을 보며 영감을 얻는 것도 좋습니다.
모든 패턴은 새로운 캐릭터와 아이디어의 출발점이 될 수 있습니다. 그러니 패턴들을 실험해보고 마음대로 바꿔보세요.
앞에서 여러 번 말했지만, 정해진 규칙은 없습니다. 언제나 필요에 맞게 기법을 조절해야 합니다.
되도록 인형을 많이 만들어보세요. 모든 것을 만들어보고 시도하세요.
망치는 것을 겁내지 마세요. 분명 많이 실패하게 될 거예요. 그래도 인형 만들기를 그만두지 마세요.
실패를 할 때마다 새로운 것, 그러니까 뜨개질에 대한 지식, 경험, 재미에 한 걸음씩 다가가게 된답니다.
어렸을 때는 어떤 목표를 이루기 위해서가 아니라 그냥 재미있어서, 그 순간을 즐겼지요.
코바늘뜨기도 여러분에게 그런 시간이 되길 바랍니다.

돼지 페드로

페드로는 겁쟁이였어요. 혼자 있는 것을 무서워하고, 처음 보는 음식을 먹는 것도 겁냈지요.
낯선 돼지를 만나는 것도 두려워했어요. 웃음거리가 되는 건 더더욱 못 견뎌했고요.
이처럼 두려워하는 일이 많다 보니 하고 싶은 모든 걸 하지 못했지요.
그러던 작년 여름, 페드로는 이대로는 안 되겠다고 생각했어요.
물에 발 담그기가 무서워 친구들과 노는 걸 포기할 수 없었거든요.
그래서 튜브를 끼고(친구들이 비웃을지도 모른다는 두려움을 극복하고요) 호수에 뛰어들었지요.
지금 페드로는 해상 구조원 강좌를 거의 마쳤어요.
그리고 다음에 시작할 소방관 훈련을 무척이나 고대하고 있답니다.

난이도

키
28cm(제시된 실로 떴을 때, 귀 포함)

재료
- DK 또는 라이트 우스티드:
  분홍색, 흰색, 파란색, 빨간색,
  검은색 약간
- 코바늘 2.75mm
- 검은색 나사형 인형 눈(8mm)
- 솜

주의
머리와 몸통을 하나로 뜹니다.

주둥이

(분홍색)
사슬 6코를 만듭니다. 기초사슬코의 양쪽에서 뜨고 원형뜨기 합니다.
1단 바늘에서 두 번째 사슬부터 시작, 늘리기, 짧은뜨기 3, 마지막 사슬에 짧은뜨기 4, 이어서 기초사슬코의 맞은편 고리에서 뜹니다. 짧은뜨기 3, 늘리기 [14코]
2단 늘리기, 짧은뜨기 5, (늘리기) × 2, 짧은뜨기 5, 늘리기 [18코]
3단 (늘리기) × 2, 짧은뜨기 6, (늘리기) × 3, 짧은뜨기 6, 늘리기 [24코]
4단 (이 단은 뒷고리만 뜹니다) 짧은뜨기 24 [24코]
5-6단 짧은뜨기 24 [24코]
바느질하기 위한 실을 길게 남기고, 마무리를 합니다.
4단의 첫 번째 코 앞고리에 분홍색 실을 연결합니다.
4단 (이 단은 앞고리만 뜹니다) 빼뜨기 24 [24코]
실을 자르고 마무리를 합니다. 실 끝이 보이지 않게 정리합니다.
검은색 실로 입과 코를 수놓습니다. 주둥이에 솜을 조금 채웁니다.

머리와 몸통

(분홍색 실로 시작, 원형뜨기 합니다)
1단 실 고리로 원형코 만들기, 짧은뜨기 6 [6코]
2단 (늘리기) × 6 [12코]
3단 (짧은뜨기 1, 늘리기) × 6 [18코]
4단 (짧은뜨기 2, 늘리기) × 6 [24코]
5단 (짧은뜨기 3, 늘리기) × 6 [30코]
6단 (짧은뜨기 4, 늘리기) × 6 [36코]
7단 (짧은뜨기 5, 늘리기) × 6 [42코]
8단 (짧은뜨기 6, 늘리기) × 6 [48코]
9단 (짧은뜨기 7, 늘리기) × 6 [54코]
10-20단 짧은뜨기 54 [54코]
21단 (짧은뜨기 4, 줄이기) × 9 [45코]
22단 (짧은뜨기 3, 줄이기) × 9 [36코]
23단 (짧은뜨기 4, 줄이기) × 6 [30코]

주둥이를 16-22단 사이에 바느질하여 붙입니다.
주둥이는 원형 단이 시작하는 곳과 반대쪽에 있어야 합니다. 17-18단 사이, 주둥이에서 양쪽으로 3코 정도 떨어진 곳에 나사형 인형 눈을 끼웁니다.
머리에 솜을 채웁니다.

24단 짧은뜨기 30 [30코]
25단 (짧은뜨기 4, 늘리기) × 6 [36코]
26-28단 짧은뜨기 36 [36코]
29단 (짧은뜨기 5, 늘리기) × 6 [42코]
30-36단 짧은뜨기 42 [42코]
계속해서 매 단마다 실을 흰색과 파란색으로 배색하며 스트라이프 패턴을 뜹니다.
37단 (짧은뜨기 6, 늘리기) × 6 [48코]
38-44단 짧은뜨기 48 [48코]
45단 (짧은뜨기 6, 줄이기) × 6 [42코]
46-47단 짧은뜨기 42 [42코]

다리

다리를 만들기 위해 코를 나눕니다. 다리 하나에 18코씩, 두 다리 사이 공간을 위해 앞쪽에 3코, 뒤쪽에 3코로 나눕니다(이때 스티치 마커를 사용하면 편리합니다). 두 다리가 머리와 나란하지 않으면, 몸통에서 짧은뜨기를 몇 코 더 뜨거나 반대로 코를 풀어 중심을 맞춥니다.
그런 다음 첫 번째 다리의 앞쪽 시작 코와 뒤쪽 마지막 코를 짧은뜨기로 연결합니다(이 짧은뜨기는 다리의 첫 번째 코가 됩니다). 이제 첫 번째 다리의 코가 원형으로 연결되었습니다.
계속해서 첫 번째 다리를 스트라이프 패턴으로 뜹니다.
48-49단 짧은뜨기 18 [18코]
실을 분홍색으로 바꿉니다.
50단 (이 단은 뒷고리만 뜹니다) 짧은뜨기 18 [18코]
51-59단 짧은뜨기 18 [18코]
몸통과 다리에 솜을 단단히 채웁니다.
60단 (짧은뜨기 1, 줄이기) × 6 [12코]
61단 (줄이기) × 6 [6코]
실을 길게 남겨 자르고 마무리를 합니다. 실 끝을 돗바늘에 꿰어 남은 각 코의 앞고리에 통과시킨 뒤, 단단하게 잡아당겨서 구멍을 막습니다. 실 끝이 보이지 않게 정리합니다. (59쪽 사진 참조)

두 번째 다리

47단의 뒷면에서 뜨지 않은 네 번째 코에 파란색 실을 다시 연결합니다. 여기에서 두 번째 다리의 첫 번째 코를 시작합니다.

48단 짧은뜨기 18, 열여덟 번째 코에 다다르면, 첫 번째 코에 짧은뜨기를 하여 원형으로 연결합니다. [18코]

49-61단 첫 번째 다리와 같은 방식으로 뜹니다.

필요하면 솜을 더 채웁니다. 돗바늘을 이용하여 두 다리 사이의 공간 (앞, 뒤 3코)을 바느질하여 막습니다. (아래 사진 참조)

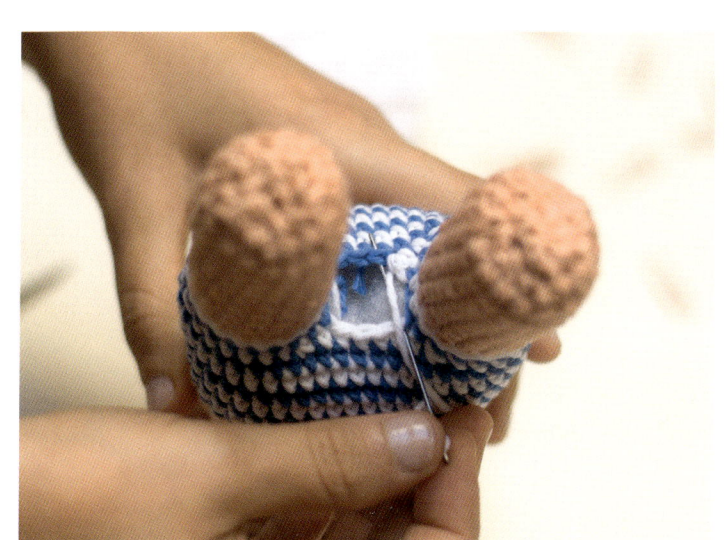
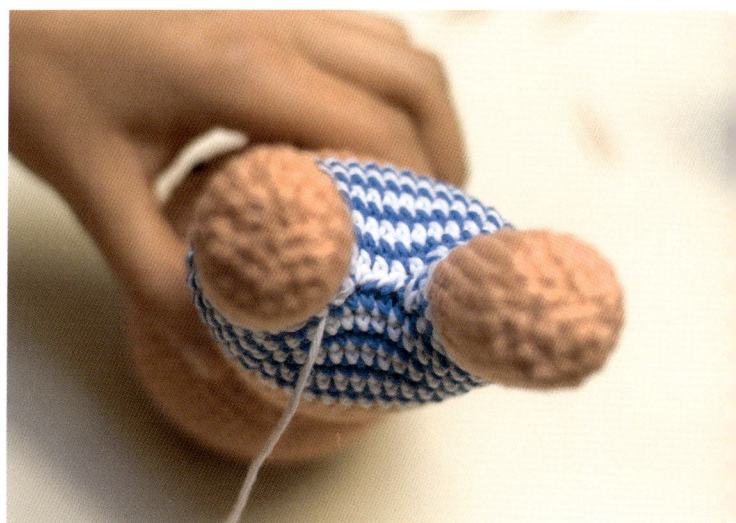

팔

(2개, 분홍색, 원형뜨기 합니다)

1단 실고리로 원형코 만들기, 짧은뜨기 6 [6코]
2단 (늘리기) × 6 [12코]
3-4단 짧은뜨기 12 [12코]
5단 짧은뜨기 1, 한길긴뜨기 5코 구슬뜨기 1, 짧은뜨기 10 [12코]
6-16단 짧은뜨기 12 [12코]
17단 (짧은뜨기 1, 줄이기) × 4 [8코]
바느질하기 위한 실을 길게 남겨 자르고, 마무리를 합니다.
팔에 솜을 채웁니다. 팔을 몸통의 양쪽 옆, 26-27단 사이에 바느질하여 붙입니다.

꼬리

(분홍색)

사슬 9코를 만듭니다.
1단 바늘에서 두 번째 사슬부터 시작, (늘리기) × 8 [16코]
바느질하기 위한 실을 길게 남겨 자르고, 마무리를 합니다.
꼬리를 몸통 뒷면 중앙, 40단에 바느질하여 붙입니다.

귀

(2개, 분홍색, 원형뜨기 합니다)

1단 실고리로 원형코 만들기, 짧은뜨기 5 [5코]
2단 짧은뜨기 5 [5코]
3단 (늘리기) × 5 [10코]
4단 짧은뜨기 10 [10코]
5단 (짧은뜨기 1, 늘리기) × 5 [15코]
6단 짧은뜨기 15 [15코]
7단 (짧은뜨기 2, 늘리기) × 5 [20코]
8-11단 짧은뜨기 20 [20코]
12단 (짧은뜨기 2, 줄이기) × 5 [15코]
13-14단 짧은뜨기 15 [15코]
바느질하기 위한 실을 길게 남겨 자르고, 마무리를 합니다. 귀에는 솜을 채우지 않아도 됩니다.
귀를 편평하게 펴서 머리의 꼭대기에 바느질하여 붙입니다.
(위의 사진 참조)

수영 튜브

(2개, 흰색 실로 시작, 원형뜨기 합니다)

사슬 16코를 만듭니다. 사슬코가 꼬이지 않도록 주의해서 잡고, 바늘을 첫 번째 사슬코에 넣고 빼뜨기를 하여 기초사슬코를 연결합니다.
흰색과 빨간색 실을 번갈아 배색하며 나선형 뜨기를 합니다.
각 줄의 앞에 색이 제시되어 있습니다.

1단 {(흰색 - 짧은뜨기 1, 늘리기), (빨간색 - 짧은뜨기 1, 늘리기)} × 4 [24코]

2단 {(흰색 - 짧은뜨기 2, 늘리기), (빨간색 - 짧은뜨기 2, 늘리기)} × 4 [32코]

3-7단 {(흰색 - 짧은뜨기 4), (빨간색 - 짧은뜨기 4)} × 4 [32코]

8단 {(흰색 - 짧은뜨기 2, 줄이기), (빨간색 - 짧은뜨기 2, 줄이기)} × 4 [24코]

9단 {(흰색 - 짧은뜨기 1, 줄이기), (빨간색 - 짧은뜨기 1, 줄이기)} × 4 [16코]

바느질하기 위한 실을 길게 남겨 자르고, 마무리를 합니다.
9단과 1단을 바느질하여 붙여서 튜브 모양을 만듭니다. 바느질하면서 솜을 채웁니다. (위의 사진 참조)

회색곰 한스

도시 생활에 지친 한스(한스는 겨울잠을 좋아하지 않아요)는 갑갑한 도시를 벗어나
확 트인 곳으로 떠나기로 했습니다. 그래서 캐나다 토피노만 근처의 해변으로 갔지요.
그곳에서 한스는 물고기를 잡고, 이웃들과 서핑을 배우면서 행복하게 살아갑니다.
하지만 가끔 도시에서 먹던 '팔라펠(Falafel. 콩을 갈아 둥글게 빚어 튀긴 요리)'이 그립습니다.
그래서 작은 음식점을 열어서 팔라펠을 직접 팔아 볼까 하고 진지하게 생각하고 있답니다.

* 로키 산맥에 사는 회색곰은 보통 털빛이 갈색이다.

난이도 ★

키
30cm(제시된 실로 떴을 때,
귀 포함)

재료
- DK 또는 라이트 우스티드:
  갈색, 머스터드 옐로, 흰색,
  파란색, 빨간색, 아쿠아 블루,
  검은색 약간
- 코바늘 2.75mm
- 코바늘 4mm
- 검은색 나사형 인형 눈(8mm)
- 솜

주의
머리와 몸통을 하나로 뜹니다.
별도의 설명이 없을 때에는
2.75mm 코바늘을 사용합니다.

주둥이

(머스터드 옐로색, 원형뜨기 합니다)
1단 실고리로 원형코 만들기, 짧은뜨기 6 [6코]
2단 (늘리기) × 6 [12코]
3단 (짧은뜨기 1, 늘리기) × 6 [18코]
4-7단 짧은뜨기 18 [18코]
바느질하기 위한 실을 길게 남겨 자르고, 마무리를
합니다.
검은색 실로 입과 코를 수놓습니다. 주둥이에 솜을 조금
채웁니다.

머리와 몸통

(갈색 실로 시작, 원형뜨기 합니다)
1단 실고리로 원형코 만들기, 짧은뜨기 6 [6코]
2단 (늘리기) × 6 [12코]
3단 (짧은뜨기 1, 늘리기) × 6 [18코]
4단 (짧은뜨기 2, 늘리기) × 6 [24코]
5단 (짧은뜨기 3, 늘리기) × 6 [30코]
6단 (짧은뜨기 4, 늘리기) × 6 [36코]
7단 (짧은뜨기 5, 늘리기) × 6 [42코]
8단 (짧은뜨기 6, 늘리기) × 6 [48코]
9단 (짧은뜨기 7, 늘리기) × 6 [54코]
10-22단 짧은뜨기 54 [54코]
23단 (짧은뜨기 4, 줄이기) × 9 [45코]
24단 (짧은뜨기 3, 줄이기) × 9 [36코]
주둥이를 17-23단 사이에 바느질하여 붙입니다.
주둥이는 원형 단이 시작하는 곳과 반대쪽에
있어야 합니다. 18-19단 사이, 주둥이에서 양쪽으로
4코 정도 떨어진 곳에 나사형 인형 눈을 끼웁니다.
머리에 솜을 채웁니다.
25단 (짧은뜨기 4, 줄이기) × 6 [30코]
26단 (짧은뜨기 3, 줄이기) × 6 [24코]
27단 (짧은뜨기 2, 줄이기) × 6 [18코]
28단 짧은뜨기 18 [18코]
계속해서 매 단마다 실을 흰색과 파란색으로
배색하며 스트라이프 패턴을 뜹니다.
29단 (짧은뜨기 2, 늘리기) × 6 [24코]
30단 (짧은뜨기 3, 늘리기) × 6 [30코]
31단 (짧은뜨기 4, 늘리기) × 6 [36코]
32-35단 짧은뜨기 36 [36코]
36단 (짧은뜨기 8, 늘리기) × 4 [40코]
37-39단 짧은뜨기 40 [40코]
실을 갈색으로 바꿉니다.
40단 (이 단은 뒷고리만 뜹니다) 짧은뜨기 40
[40코]
41-45단 짧은뜨기 40 [40코]

다리

다리를 만들기 위해 코를 나눕니다.
다리 하나에 18코씩, 두 다리 사이 공간을
위해 앞쪽에 2코, 뒤쪽에 2코로 나눕니다.
(이때 스티치마커를 사용하면 편리합니다).
두 다리가 머리와 나란하지 않으면,
몸통에서 짧은뜨기를 몇 코 더 뜨거나 코를
풀어 중심을 맞춥니다.
그런 다음 첫 번째 다리의 앞쪽 시작 코와 뒤쪽 마지막 코를
짧은뜨기로 연결합니다(이 짧은뜨기는 다리의 첫 번째 코가 됩니다).
이제 첫 번째 다리의 코가 원형으로 연결되었습니다.
계속해서 첫 번째 다리를 뜹니다.

46-67단   짧은뜨기 18 [18코]
몸통과 다리에 솜을 단단히 채웁니다.
68단   (짧은뜨기 1, 줄이기) × 6 [12코]
69단   (줄이기) × 6 [6코]
실을 길게 남겨 자르고, 마무리를 합니다.
실 끝을 돗바늘에 꿰어 남은 각 코의 앞고리에 통과시킨 뒤,
단단히 잡아당겨서 구멍을 막습니다.
실 끝이 보이지 않게 정리합니다.

두 번째 다리

45단의 뒷면에서 뜨지 않은 세 번째 코에 갈색 실을 다시 연결합니다.
여기에서 두 번째 다리의 첫 번째 코를 시작합니다.
46단   짧은뜨기 18, 다리의 열여덟 번째 코에 다다르면, 첫 번째
코에서 짧은뜨기를 하여 원형으로 연결합니다. [18코]
47-69단   첫 번째 다리와 같은 방식으로 뜹니다. 필요하면 솜을 더
채웁니다.
돗바늘을 이용하여 두 다리 사이의 공간 (앞, 뒤 2코)을 바느질하여
막습니다.

팔

(2개, 갈색 실로 시작, 원형뜨기 합니다)
1단   실고리로 원형코 만들기, 짧은뜨기 6 [6코]
2단   (늘리기) × 6 [12코]
3-4단   짧은뜨기 12 [12코]
5단   짧은뜨기 1, 한길긴뜨기 5코 구슬뜨기 1, 짧은뜨기 10 [12코]
6-17단   짧은뜨기 12 [12코]
계속해서 매 단마다 실을 흰색과 파란색으로 배색하며 스트라이프 패턴을 뜹니다.
18-20단   짧은뜨기 12 [12코]
21단   (짧은뜨기 1, 줄이기) × 4 [8코]
바느질하기 위한 실을 길게 남겨 자르고, 마무리를 합니다. 팔에 솜을 채웁니다.
팔을 몸통의 양쪽 옆, 30-31단 사이에 바느질하여 붙입니다.

꼬리

(갈색, 원형뜨기 합니다)
1단   실고리로 원형코 만들기, 짧은뜨기 6 [6코]
2단   짧은뜨기 6 [6코]
바느질하기 위한 실을 길게 남겨 자르고, 마무리를 합니다. 꼬리에는 솜을 채우지
않아도 됩니다.
꼬리를 몸통 뒷면 중앙, 42단 위에 바느질하여 붙입니다.

모자

(빨간색, 원형뜨기 합니다)
1단   실고리로 원형코 만들기, 짧은뜨기 6 [6코]
2단   (늘리기) × 6 [12코]
3단   (짧은뜨기 1, 늘리기) × 6 [18코]
4단   (짧은뜨기 2, 늘리기) × 6 [24코]
5단   (짧은뜨기 3, 늘리기) × 6 [30코]
6단   (짧은뜨기 4, 늘리기) × 6 [36코]
7단   (짧은뜨기 5, 늘리기) × 6 [42코]
8단   (짧은뜨기 6, 늘리기) × 6 [48코]
9단   (짧은뜨기 7, 늘리기) × 6 [54코]
10단   (짧은뜨기 8, 늘리기) × 6 [60코]
11-12단   짧은뜨기 60 [60코]
13단   짧은뜨기 18, 사슬 8, 8코 건너뛰기, 짧은뜨기 8, 사슬 8, 8코 건너뛰기,
짧은뜨기 18 [60코]
14-17단   짧은뜨기 60 [60코]
18-20단   (짧은 앞걸어뜨기 1, 짧은 뒤걸어뜨기 1) × 30 [60코]
실을 자르고 마무리를 합니다. 실 끝이 보이지 않게 정리합니다. 모자 꼭대기에
폼폼을 하나 붙입니다.

귀

(2개, 갈색, 원형뜨기 합니다)

1단 실고리로 원형코 만들기, 짧은뜨기 6 [6코]

2단 (늘리기) × 6 [12코]

3-6단 짧은뜨기 12 [12코]

바느질하기 위한 실을 길게 남겨 자르고, 마무리를 합니다. 귀에는 솜을 채우지 않아도 됩니다.
편평하게 펴고, 모자에 있는 구멍의 위치를 고려하여 귀를 머리에 바느질하여 붙입니다.

조끼

(아쿠아 블루색, 4mm 코바늘 사용)

사슬 29코를 만들고, 기둥코(사슬 1)를 세우면서 평면뜨기 합니다.

1단 바늘에서 두 번째 사슬부터 시작, 짧은뜨기 3,
다음 한 코에 짧은뜨기 3, 짧은뜨기 5,
다음 한 코에 짧은뜨기 3, 짧은뜨기 8,
다음 한 코에 짧은뜨기 3, 짧은뜨기 5,
다음 한 코에 짧은뜨기 3, 짧은뜨기 3, 사슬 1(기둥코), 방향 바꾸기 [36코]

2단 짧은뜨기 4, 다음 한 코에 짧은뜨기 3, 짧은뜨기 7,
다음 한 코에 짧은뜨기 3, 짧은뜨기 10,
다음 한 코에 짧은뜨기 3, 짧은뜨기 7,
다음 한 코에 짧은뜨기 3, 짧은뜨기 4, 사슬 1(기둥코), 방향 바꾸기 [44코]

3단 짧은뜨기 6, 사슬 5, 9코 건너뛰기, 짧은뜨기 14, 사슬 5, 9코 건너뛰기, 짧은뜨기 6, 사슬 1(기둥코), 방향 바꾸기 [36코]

4단 짧은뜨기 6, 사슬 1개에 한 코씩 짧은뜨기 5, 짧은뜨기 14, 사슬 1개에 한 코씩 짧은뜨기 5, 짧은뜨기 6, 사슬 1(기둥코), 방향 바꾸기 [36코]

5-11단 짧은뜨기 36, 사슬 1(기둥코), 방향 바꾸기 [36코]

한 방향으로만 조끼의 모든 테두리에 짧은뜨기를 합니다.
조끼 한쪽의 단 끝(조끼 옆선)에서는 목 쪽으로 올라가고,
목선을 지나 다른 쪽의 단 끝에서 밑단 쪽으로 내려갑니다.
실을 자르고 마무리를 합니다. 실 끝이 보이지 않게 정리합니다.

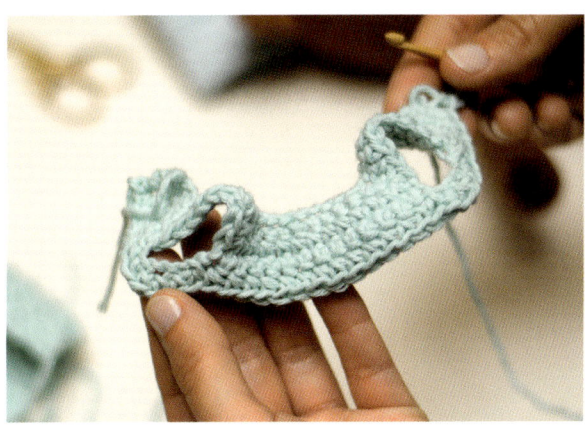

해달 머리

머리는 아일랜드의 서쪽 해안에 있는 브로모어 절벽 근처에서 태어났어요.
바다, 바다 냄새가 나는 바람, 해산물 등 고향의 모든 것을 사랑하지요.
물고기나 양배추, 감자를 곁들인 음식은 무엇이든 잘 먹고, 특히 튀긴 음식을 좋아해요.
머리는 탐험가이자 환경보호 활동가 겸 영화 제작자인 자크 쿠스토의 다큐멘터리를 보면서
자신 역시 '탐험'을 원한다는 걸 깨달았어요. 머리는 당장 노란색 자전거를 사서 '칼립소'라 이름 붙였지요.
이 자전거에는 물고기와 칩스를 담을 수 있는 작고 멋진 바구니도 달려 있어요.
머리는 지금 아일랜드의 세계 최장 해안도로인 와일드 아틀랜틱 웨이를 자전거로 달리고 있답니다.

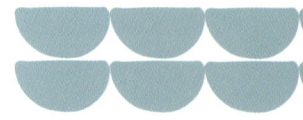

난이도 ★

키
30cm(제시된 실로 떴을 때, 귀 포함)

재료
- DK 또는 라이트 우스티드: 밍크 브라운, 오프 화이트, 흰색, 파란색, 노란색, 검은색 약간
- 코바늘 2.75mm
- 검은색 나사형 인형 눈(8mm)
- 솜

주의
머리와 몸통을 하나로 뜹니다.

주둥이

(오프 화이트색 실로 시작)
주둥이는 오프 화이트색과 밍크 브라운색을 번갈아 배색하며 뜨는데, 각 줄의 앞에 색이 제시되어 있어요.
사슬 6코를 만듭니다. 기초사슬코의 양쪽에서 뜨고 원형뜨기 합니다.

1단 (오프 화이트) 바늘에서 두 번째 사슬부터 시작, 늘리기, 짧은뜨기 3, 마지막 사슬에 짧은뜨기 2,
(밍크 브라운) 마지막 사슬에 추가로 짧은뜨기 2, 이어서 기초사슬코의 맞은편 고리에서 뜹니다.
짧은뜨기 3, 늘리기 [14코]

2단 (오프 화이트) 늘리기, 짧은뜨기 5, 늘리기,
(밍크 브라운) 늘리기, 짧은뜨기 5, 늘리기 [18코]

3단 (오프 화이트) 짧은뜨기 1, 늘리기, 짧은뜨기 5, 늘리기, 짧은뜨기 1,
(밍크 브라운) 짧은뜨기 1, 늘리기, 짧은뜨기 5, 늘리기, 짧은뜨기 1 [22코]

4-5단 (오프 화이트) 짧은뜨기 11,
(밍크 브라운) 짧은뜨기 11 [22코]

바느질하기 위한 실을 길게 남겨 자르고, 마무리를 합니다.
검은색 실로 코와 입을 수놓습니다. 주둥이에 솜을 조금 채웁니다.

머리와 몸통

(밍크 브라운색 실로 시작, 원형뜨기 합니다)

1단 실 고리로 원형코 만들기, 짧은뜨기 6 [6코]
2단 (늘리기) × 6 [12코]
3단 (짧은뜨기 1, 늘리기) × 6 [18코]
4단 (짧은뜨기 2, 늘리기) × 6 [24코]
5단 (짧은뜨기 3, 늘리기) × 6 [30코]
6단 (짧은뜨기 4, 늘리기) × 6 [36코]
7단 (짧은뜨기 5, 늘리기) × 6 [42코]
8단 (짧은뜨기 6, 늘리기) × 6 [48코]
9-11단 짧은뜨기 48 [48코]
12단 (짧은뜨기 7, 늘리기) × 6 [54코]
13-14단 짧은뜨기 54 [54코]
15단 (짧은뜨기 8, 늘리기) × 6 [60코]
실을 오프 화이트색으로 바꿉니다.
16-17단 짧은뜨기 60 [60코]
18단 (짧은뜨기 8, 줄이기) × 6 [54코]
19단 (짧은뜨기 7, 줄이기) × 6 [48코]
20단 (짧은뜨기 6, 줄이기) × 6 [42코]

주둥이를 12단-19단 사이에 바느질하여 붙입니다.
주둥이는 원형 단이 시작하는 곳과 반대쪽에 있어야 합니다.

15-16단 사이, 주둥이에서 양쪽으로 4코 정도 떨어진 곳에 나사형 인형 눈을 끼웁니다.

머리에 솜을 채웁니다.

21단 (짧은뜨기 5, 줄이기) × 6 [36코]
22단 (짧은뜨기 4, 줄이기) × 6 [30코]
23단 짧은뜨기 30 [30코]

계속해서 한 단은 파란색으로, 두 단은 흰색으로 번갈아 배색하며 스트라이프 패턴을 뜹니다.

24단 짧은뜨기 30 [30코]
25단 (짧은뜨기 4, 늘리기) × 6 [36코]
26-30단 짧은뜨기 36 [36코]
31단 (짧은뜨기 5, 늘리기) × 6 [42코]
32-36단 짧은뜨기 42 [42코]

실을 밍크 브라운색으로 바꿉니다.

37단 (이 단은 뒷고리만 뜹니다) (짧은뜨기 6, 늘리기) × 6 [48코]
38-58단 짧은뜨기 48 [48코]
59단 (짧은뜨기 6, 줄이기) × 6 [42코]
60-61단 짧은뜨기 42 [42코]
62단 (짧은뜨기 5, 줄이기) × 6 [36코]
63-64단 짧은뜨기 36 [36코]

다리

다리를 만들기 위해 코를 나눕니다. 다리 하나에 14코씩, 두 다리 사이 공간을 위해 앞쪽에 4코, 뒤쪽에 4코로 나눕니다(이때 스티치마커를 사용하면 편리합니다).

두 다리가 머리와 나란하지 않으면, 몸통에서 짧은뜨기를 몇 코 더 뜨거나 코를 풀어 중심을 맞춥니다.

그런 다음 첫 번째 다리의 앞쪽 시작 코와 뒤쪽 마지막 코를 짧은뜨기로 연결합니다(이 짧은뜨기는 다리의 첫 번째 코가 됩니다). 이제 첫 번째 다리의 코가 원형으로 연결되었습니다.

계속해서 첫 번째 다리를 뜹니다.

65-69단 짧은뜨기 14 [14코]

몸통과 다리에 솜을 단단히 채웁니다.

70단 (줄이기) × 7 [7코]

실을 길게 남겨 자르고, 마무리를 합니다. 실 끝을 돗바늘에 꿰어 남은 각 코의 앞고리에 통과시킨 뒤,

단단히 잡아당겨서 구멍을 막습니다. 실 끝이 보이지 않게 정리합니다.

두 번째 다리

64단의 뒷면에서 뜨지 않은 다섯 번째 코에 밍크 브라운색 실을 다시 연결합니다.

여기에서 두 번째 다리의 첫 번째 코를 시작합니다.

65단 짧은뜨기 14, 다리의 열네 번째 코에 다다르면, 첫 번째 코에서 짧은뜨기를 하여 원형으로 연결합니다. [14코]
66-70단 첫 번째 다리와 같은 방식으로 뜹니다. 두 번째 다리에 솜을 채우고, 필요하면 몸통에도 솜을 더 채웁니다.

돗바늘을 이용하여 두 다리 사이의 공간(앞, 뒤 4코)을 바느질하여 막습니다.

팔

(2개, 밍크 브라운색 실로 시작, 원형뜨기 합니다)

1단 실고리로 원형코 만들기, 짧은뜨기 5 [5코]
2단 (늘리기) × 5 [10코]
3단 짧은뜨기 1, 한길긴뜨기 5코 구슬뜨기 1, 짧은뜨기 8 [10코]
4-14단 짧은뜨기 10 [10코]

실을 흰색으로 바꿉니다.

15단 짧은뜨기 10 [10코]

계속해서 한 단은 파란색으로, 두 단은 흰색으로 번갈아 배색하며 스트라이프 패턴을 뜹니다.

16-19단 짧은뜨기 10 [10코]
20단 (짧은뜨기 3, 줄이기) × 2 [8코]

바느질하기 위한 실을 길게 남겨 자르고, 마무리를 합니다. 팔에 솜을 채웁니다.

팔을 몸통의 양 옆, 25-26단 사이에 바느질하여 붙입니다.

귀

(2개, 밍크 브라운색, 원형뜨기 합니다)

1단 실고리로 원형코 만들기, 짧은뜨기 5 [5코]
2단 (늘리기) × 5 [10코]
3단 짧은뜨기 10 [10코]

바느질하기 위한 실을 길게 남겨 자르고, 마무리를 합니다.

귀에는 솜을 채우지 않아도 됩니다. 편평하게 펴고, 머리의 6-10단 사이에 바느질하여 붙입니다.

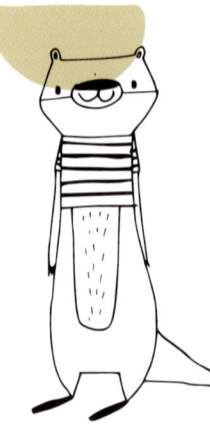

꼬리

(밍크 브라운색, 원형뜨기 합니다)

1단 실고리로 원형코 만들기, 짧은뜨기 6 [6코]
2단 짧은뜨기 6 [6코]
3단 (짧은뜨기 1, 늘리기) × 3 [9코]
4-5단 짧은뜨기 9 [9코]
6단 (짧은뜨기 2, 늘리기) × 3 [12코]
7-8단 짧은뜨기 12 [12코]
9단 (짧은뜨기 3, 늘리기) × 3 [15코]
10-11단 짧은뜨기 15 [15코]
12단 (짧은뜨기 4, 늘리기) × 3 [18코]
13-14단 짧은뜨기 18 [18코]
15단 (짧은뜨기 5, 늘리기) × 3 [21코]
16-17단 짧은뜨기 21 [21코]
18단 (짧은뜨기 6, 늘리기) × 3 [24코]
19-20단 짧은뜨기 24 [24코]
21단 (짧은뜨기 7, 늘리기) × 3 [27코]
22-23단 짧은뜨기 27 [27코]
24단 (짧은뜨기 8, 늘리기) × 3 [30코]
25-26단 짧은뜨기 30 [30코]

바느질하기 위한 실을 길게 남겨 자르고, 마무리를 합니다. 꼬리에 솜을 채웁니다. 꼬리를 몸통 뒷면 중앙, 50-60단 사이에 바느질하여 붙입니다.

조끼

(노란색)

사슬 38코를 만들고, 기둥코(사슬 2)를 세우면서 긴뜨기로 평면뜨기 합니다.

1단 바늘에서 세 번째 사슬부터 시작, 긴뜨기 36, 사슬 2(기둥코), 방향 바꾸기 [36코]
2단 긴뜨기 5, 사슬 6, 6코 건너뛰기, 긴뜨기 14, 사슬 6, 6코 건너뛰기, 긴뜨기 5, 사슬 2(기둥코), 방향 바꾸기 [36코]
3단 (긴뜨기 5, 긴뜨기 늘리기) × 6, 사슬 2(기둥코), 방향 바꾸기 [42코]
4단 긴뜨기 42, 사슬 2(기둥코), 방향 바꾸기 [42코]
5단 긴뜨기 42 [42코]

실을 자르고 마무리를 합니다. 실 끝이 보이지 않게 정리합니다.

카이만 악어 르네

르네는 브라질의 판타나우에서 태어났지만, 가족 중에 아르헨티나 코리엔테스 출신이 많아서
포르투갈어와 스페인어를 모두 할 줄 알아요. 축구는 별로 좋아하지 않지요.
르네는 내셔널 지오그래픽과 전 세계 여러 유명 대학에서 프리랜서로 활동하는 지리학자예요.
게다가 패셔니스타로, 정해진 틀에 따르기보다는 자유롭고 개성 있는 패션을 즐기지요.
행복해지는 옷만 입는다는 철학을 갖고 있는데, 최근엔 나비넥타이와 생일 고깔모자를 즐겨 착용해요.
다른 사람들의 취향과 아량까지 신경 쓰기에는 인생이 너무 짧다나요?

난이도 ★

키
25cm(제시된 실로 떴을 때)

재료
- DK 또는 라이트 우스티드:
  녹색, 흰색, 파란색,
  짙은 파란색, 빨간색, 분홍색
  약간, 짙은 녹색 약간, 황토색
  약간
- 코바늘 2.75mm
- 검은색 나사형 인형 눈(8mm)
- 솜

주둥이

(녹색)
사슬 13코를 만듭니다. 기초사슬코의 양쪽에서 뜨고 원형뜨기 합니다.

1단 바늘에서 두 번째 사슬부터 시작, 늘리기, 짧은뜨기 10, 마지막 사슬에 짧은뜨기 3, 기초사슬코의 맞은편 고리에 이어서 뜹니다. 짧은뜨기 11 [26코]
2단 (늘리기) × 2, 짧은뜨기 10, (늘리기) × 3, 짧은뜨기 10, 늘리기 [32코]
3단 짧은뜨기 32 [32코]
4단 짧은뜨기 4, 한길긴뜨기 5코 구슬뜨기 1, 짧은뜨기 8, 한길긴뜨기 5코 구슬뜨기 1, 짧은뜨기 18 [32코]
5-14단 짧은뜨기 32 [32코]
15단 (짧은뜨기 7, 늘리기) × 4 [36코]
16-30단 짧은뜨기 36 [36코]
31단 (짧은뜨기 4, 줄이기) × 6 [30코]
32단 짧은뜨기 30 [30코]
33단 (짧은뜨기 3, 줄이기) × 6 [24코]
머리에 솜을 단단히 채웁니다.
34단 (짧은뜨기 2, 줄이기) × 6 [18코]
35단 (짧은뜨기 1, 줄이기) × 6 [12코]
36단 (줄이기) × 6 [6코]
실을 길게 남겨 자르고, 마무리를 합니다.
실 끝을 돗바늘에 꿰어 남은 각 코의 앞고리에 통과시킨 뒤, 단단히 잡아당겨서 구멍을 막습니다. 실 끝이 보이지 않게 정리합니다.
주둥이 위에 짙은 녹색실로 짧은 선을 수놓습니다.

눈

(2개, 녹색, 원형뜨기 합니다)
1단 실고리로 원형코 만들기, 짧은뜨기 6 [6코]
2단 (늘리기) × 6 [12코]
3-5단 짧은뜨기 12 [12코]
바느질하기 위한 실을 길게 남겨 자르고, 마무리를 합니다.
3-4단 사이에 나사형 인형 눈을 끼웁니다.
솜을 약간 채운 뒤, 머리의 11-15단 사이에 4코 간격으로 바느질하여 붙입니다.

볼

(2개, 분홍색, 원형뜨기 합니다)
1단 실고리로 원형코 만들기, 짧은뜨기 8 [8코]
바느질하기 위한 실을 길게 남겨 자르고, 마무리를 합니다.
두 볼을 머리에 바느질하여 붙입니다.

몸통

(녹색 실로 시작, 원형뜨기 합니다)
사슬 24코를 만듭니다. 사슬코가 꼬이지 않도록 주의해서 잡고, 코바늘을 첫 번째 사슬코에 넣고 빼뜨기를 하여 기초사슬코를 연결합니다. 계속해서 나선형 뜨기를 합니다.
1-2단 짧은뜨기 24 [24코]
계속해서 매 단마다 흰색과 파란색을 배색하며 스트라이프 패턴을 뜹니다.
3단 (짧은뜨기 3, 늘리기) × 6 [30코]
4-10단 짧은뜨기 30 [30코]
11단 (짧은뜨기 4, 늘리기) × 6 [36코]
12-17단 짧은뜨기 36 [36코]
실을 녹색으로 바꿉니다.
18단 (이 단은 뒷고리만 뜹니다)
(짧은뜨기 5, 늘리기) × 6 [42코]
19-32단 짧은뜨기 42 [42코]
33단 (짧은뜨기 5, 줄이기) × 6 [36코]
34-36단 짧은뜨기 36 [36코]

다리

다리를 만들기 위해 코를 나눕니다. 다리 하나에 12코씩, 두 다리 사이 공간을 위해 앞쪽에 6코, 뒤쪽에 6코로 나눕니다(이때 스티치마커를 사용하면 편리합니다).
두 다리가 머리와 나란하지 않으면, 몸통에서 짧은뜨기를 몇 코 더 뜨거나 풀어서 중심을 맞춥니다. 뒷면에 있는 다리의 마지막 코를 앞면에 짧은뜨기로 연결합니다(이 짧은뜨기는 다리의 첫 번째 코가 됩니다).
이제 첫 번째 다리의 코가 원형으로 연결되었습니다.
계속해서 첫 번째 다리를 뜹니다.
37-42단 짧은뜨기 12 [12코]
몸통과 다리에 솜을 단단히 채웁니다.
43단 (줄이기) × 6 [6코]
실을 길게 남겨 자르고, 마무리를 합니다.
실 끝을 돗바늘에 꿰어 남은 각 코의 앞고리에 통과시킨 뒤, 단단히 잡아당겨서 구멍을 막습니다. 실 끝이 보이지 않게 정리합니다.

두 번째 다리

36단의 뒷면에서 뜨지 않은 일곱 번째 코에 녹색 실을 다시 연결합니다. 여기에서 두 번째 다리의 첫 번째 코를 시작합니다.

37단 짧은뜨기 12, 다리의 열두 번째 코에 다다르면, 첫 번째 코에서 짧은뜨기를 하여 원형으로 연결합니다. [12코]
38-43단 첫 번째 다리와 같은 방식으로 뜹니다.
필요하면 솜을 더 채웁니다. 돗바늘을 이용하여 두 다리 사이의 공간(앞, 뒤 6코)을 바느질하여 막습니다. 머리를 몸통에 바느질하여 붙입니다.

팔

(2개, 녹색 실로 시작, 원형뜨기 합니다)
1단 실고리로 원형코 만들기, 짧은뜨기 5 [5코]
2단 (늘리기) × 5 [10코]
3-10단 짧은뜨기 10 [10코]
계속해서 매 단마다 흰색과 파란색을 배색하며 스트라이프 패턴을 뜹니다.
11-22단 짧은뜨기 10 [10코]
23단 (짧은뜨기 3, 줄이기) × 2 [8코]
바느질하기 위한 실을 길게 남겨 자르고, 마무리를 합니다. 팔에 솜을 채웁니다.
팔을 몸통의 양 옆, 3-4단 사이에 바느질하여 붙입니다.

꼬리

(녹색, 원형뜨기 합니다)
1단 실고리로 원형코 만들기, 짧은뜨기 6 [6코]
2단 짧은뜨기 6 [6코]
3단 (짧은뜨기 1, 늘리기) × 3 [9코]
4-5단 짧은뜨기 9 [9코]
6단 (짧은뜨기 2, 늘리기) × 3 [12코]
7-8단 짧은뜨기 12 [12코]
9단 (짧은뜨기 3, 늘리기) × 3 [15코]
10-11단 짧은뜨기 15 [15코]
12단 (짧은뜨기 4, 늘리기) × 3 [18코]
13-14단 짧은뜨기 18 [18코]
15단 (짧은뜨기 5, 늘리기) × 3 [21코]
16-17단 짧은뜨기 21 [21코]
18단 (짧은뜨기 6, 늘리기) × 3 [24코]
19-20단 짧은뜨기 24 [24코]
21단 (짧은뜨기 7, 늘리기) × 3 [27코]
22-23단 짧은뜨기 27 [27코]
24단 (짧은뜨기 8, 늘리기) × 3 [30코]
25-26단 짧은뜨기 30 [30코]
바느질하기 위한 실을 길게 남겨 자르고, 마무리를 합니다.
꼬리에 솜을 채웁니다. 꼬리를 몸통 뒷면 중앙, 25-34단 사이에 바느질하여 붙입니다.

나비넥타이

(짙은 파란색, 원형뜨기 합니다)

사슬 22코를 만듭니다. 사슬코가 꼬이지 않도록 주의해서 잡고, 코바늘을 첫 번째 사슬코에 넣고 빼뜨기를 하여 기초사슬코를 연결합니다.
계속해서 나선형 뜨기를 합니다.

1-4단 짧은뜨기 22 [22코]

실을 자르고 마무리를 합니다. 실 끝이 보이지 않게 정리합니다.

가운데 끈

(짙은 파란색)

사슬 9코, 기초사슬코를 만듭니다.

1단 바늘에서 두 번째 사슬부터 시작, 짧은뜨기 8 [8코]

바느질하기 위한 실을 길게 남겨 자르고, 마무리를 합니다.
가운데 끈으로 나비넥타이의 가운데를 감싼 뒤,
나비넥타이를 티셔츠에 바느질하여 붙입니다.

생일 고깔모자

(빨간색 실로 시작, 원형뜨기 합니다)

1단 실고리로 원형코 만들기, 짧은뜨기 6 [6코]
2단 짧은뜨기 6 [6코]

계속해서 두 단마다 빨간색과 흰색을 배색하며 스트라이프 패턴을 뜹니다.

3단 (늘리기) × 6 [12코]
4-5단 짧은뜨기 12 [12코]
6단 (짧은뜨기 1, 늘리기) × 6 [18코]
7-8단 짧은뜨기 18 [18코]
9단 (짧은뜨기 2, 늘리기) × 6 [24코]
10단 짧은뜨기 24 [24코]

실을 자르고 마무리를 합니다. 실 끝이 보이지 않게 정리합니다.
모자 꼭대기에 황토색 실로 폼폼 하나를 만들어 바느질하여 붙입니다. 솜을 약간 채웁니다.
모자를 머리에 바느질하여 붙입니다.

당나귀 라몬

라몬은 천문학자입니다. 하늘을 관측하기에 가장 좋은 곳을 찾아 전 세계를 돌아다니죠.
그의 목표는 안데스 산맥에 무료로 관측할 수 있는 천문대를 만들어서,
자신이 푹 빠지게 된 은하수와 성운, 별자리를 모든 사람이 보고 배울 수 있게 하는 것입니다.
그는 어릴 때 TV에서 칼 세이건의 다큐멘터리 <코스모스>를 보고 자랐고, <스타 트랙>의 팬이기도 합니다.
(<스타워즈>도 좋아하지만, <스타 트랙>의 마니아인 트랙키가 좀 예민하니까 아무 말 마세요).
'장수와 번영을' 그리고 '포스가 함께하기를'!*

* <스타워즈>에서 제다이의 인사말.

난이도 ★★

키
37cm(제시된 실로 떴을 때,
귀 포함)

재료
- DK 또는 라이트 우스티드:
  밍크 브라운, 오프 화이트,
  흰색, 회녹색, 검은색, 밝은색
  약간(판초용)
- 코바늘 2.75mm
- 검은색 나사형 인형 눈(10mm)
- 솜

주의
머리와 몸통을 하나로 뜹니다.

주둥이

(오프 화이트색, 원형뜨기 합니다)

1단 실고리로 원형코 만들기, 짧은뜨기 6 [6코]
2단 (늘리기) × 6 [12코]
3단 (짧은뜨기 1, 늘리기) × 6 [18코]
4단 (짧은뜨기 2, 늘리기) × 6 [24코]
5-9단 짧은뜨기 24 [24코]

바느질하기 위한 실을 길게 남겨 자르고, 마무리를 합니다.
검은색 실로 입과 코를 수놓습니다.
주둥이에 솜을 약간 채웁니다.

머리와 몸통

(밍크 브라운색 실로 시작, 원형뜨기 합니다)

1단 실고리로 원형코 만들기, 짧은뜨기 6 [6코]
2단 (늘리기) × 6 [12코]
3단 (짧은뜨기 1, 늘리기) × 6 [18코]
4단 (짧은뜨기 2, 늘리기) × 6 [24코]
5단 (짧은뜨기 3, 늘리기) × 6 [30코]
6단 (짧은뜨기 4, 늘리기) × 6 [36코]
7단 (짧은뜨기 5, 늘리기) × 6 [42코]
8단 (짧은뜨기 6, 늘리기) × 6 [48코]
9단 (짧은뜨기 7, 늘리기) × 6 [54코]
10-22단 짧은뜨기 54 [54코]
23단 (짧은뜨기 4, 줄이기) × 9 [45코]
24단 (짧은뜨기 3, 줄이기) × 9 [36코]
25단 (짧은뜨기 4, 줄이기) × 6 [30코]

주둥이를 17-24단 사이에 바느질하여 붙입니다.
주둥이는 원형 단이 시작하는 곳과 반대쪽에 있어야
합니다.
18-19단 사이, 주둥이에서 양쪽으로 3코 정도 떨어진
곳에 나사형 인형 눈을 끼웁니다.

26단 (짧은뜨기 3, 줄이기) × 6 [24코]
27단 (짧은뜨기 2, 줄이기) × 6 [18코]
28단 짧은뜨기 18 [18코]

계속해서 매 단마다 흰색과 회녹색을 배색하며 스트라이프 패턴을 뜹니다.

29단 (짧은뜨기 2, 늘리기) × 6 [24코]
30단 (짧은뜨기 3, 늘리기) × 6 [30코]
31단 (짧은뜨기 4, 늘리기) × 6 [36코]
32-35단 짧은뜨기 36 [36코]
36단 (짧은뜨기 8, 늘리기) × 4 [40코]
37-39단 짧은뜨기 40 [40코]

실을 밍크 브라운색으로 바꿉니다.

40단 (이 단은 뒷고리만 뜹니다) 짧은뜨기 40 [40코]
41-45단 짧은뜨기 40 [40코]

다리

다리를 만들기 위해 코를 나눕니다. 다리 하나에 18코씩, 두 다리 사이 공간을 위해 앞쪽에 2코, 뒤쪽에 2코로 나눕니다 (이때 스티치마커를 사용하면 편리합니다).
두 다리가 머리와 나란하지 않으면, 몸통에서 짧은뜨기를 몇 코 더 뜨거나 코를 풀어 중심을 맞춥니다. 그런 다음 첫 번째 다리의 앞쪽 시작 코와 뒤쪽 마지막 코를 짧은뜨기로 연결합니다(이 짧은뜨기는 다리의 첫 번째 코가 됩니다). 이제 첫 번째 다리의 코가 원형으로 연결되었습니다. 계속해서 첫 번째 다리를 뜹니다.

46-67단 짧은뜨기 18 [18코]

몸통과 다리에 솜을 단단히 채웁니다.

68단 (짧은뜨기 1, 줄이기) × 6 [12코]
69단 (줄이기) × 6 [6코]

실을 길게 남겨 자르고, 마무리를 합니다. 실 끝을 돗바늘에 꿰어 남은 각 코의 앞고리에 통과시킨 뒤, 단단히 잡아당겨서 구멍을 막습니다.
실 끝이 보이지 않게 정리합니다.

두 번째 다리

45단의 뒷면에서 뜨지 않은 세 번째 코에 밍크 브라운색 실을 다시 연결합니다.
여기에서 두 번째 다리의 첫 번째 코를 시작합니다.

46단 짧은뜨기 18, 열여덟 번째 코에 다다르면, 첫 번째 코에서 짧은뜨기를 하여 원형으로 연결합니다. [18코]
47-69단 첫 번째 다리와 같은 방식으로 뜹니다.

필요하면 솜을 더 채웁니다.
돗바늘을 이용하여 두 다리 사이의 공간(앞, 뒤 2코)을 바느질하여 막습니다.

팔

(2개, 밍크 브라운색 실로 시작, 원형뜨기 합니다)

1단 실고리로 원형코 만들기, 짧은뜨기 6 [6코]
2단 (늘리기) × 6 [12코]
3-4단 짧은뜨기 12 [12코]
5단 짧은뜨기 1, 한길긴뜨기 5코 구슬뜨기 1, 짧은뜨기 10 [12코]
6-17단 짧은뜨기 12 [12코]

계속해서 매 단마다 흰색과 회녹색을 배색하며 스트라이프 패턴을 뜹니다.

18-20단 짧은뜨기 12 [12코]
21단 (짧은뜨기 1, 줄이기) × 4 [8코]

바느질하기 위한 실을 길게 남겨 자르고, 마무리를 합니다. 팔에 솜을 채웁니다.
팔을 몸통의 양 옆, 30-31단 사이에 바느질하여 붙입니다.

귀

(2개, 밍크 브라운색 실로 시작, 원형뜨기 합니다)

1단 실고리로 원형코 만들기, 짧은뜨기 6 [6코]
2단 짧은뜨기 6 [6코]

다음 단부터 실을 번갈아 배색하며 뜨는데, 각 줄의 앞에 색이 제시되어 있습니다.

3단 (밍크 브라운) (늘리기) × 4, (오프 화이트) (늘리기) × 2 [12코]
4단 (밍크 브라운) 짧은뜨기 8, (오프 화이트) 짧은뜨기 4 [12코]
5단 (밍크 브라운) (짧은뜨기 1, 늘리기) × 4, (오프 화이트) (짧은뜨기 1, 늘리기) × 2 [18코]
6단 (밍크 브라운) 짧은뜨기 12, (오프 화이트) 짧은뜨기 6 [18코]
7단 (밍크 브라운) (짧은뜨기 2, 늘리기) × 4, (오프 화이트) (짧은뜨기 2, 늘리기) × 2 [24코]
8-22단 (밍크 브라운) 짧은뜨기 16, (오프 화이트) 짧은뜨기 8 [24코]

바느질하기 위한 실을 길게 남겨 자르고, 마무리를 합니다.
귀에는 솜을 채우지 않아도 됩니다. 귀를 편평하게 펴서 머리의 꼭대기에 바느질하여 붙입니다.

꼬리

(검은색 실로 시작, 원형뜨기 합니다)

1단 실고리로 원형코 만들기, 짧은뜨기 5 [5코]
2단 (늘리기) × 5 [10코]
3-4단 짧은뜨기 10 [10코]

실을 밍크 브라운색으로 바꿉니다.

5-9단 짧은뜨기 10 [10코]

바느질하기 위한 실을 길게 남겨 자르고, 마무리를 합니다.
꼬리에 솜을 채우지 않습니다. 꼬리를 몸통 뒷면 중앙, 42단에 바느질하여 붙입니다.

머리털

(검은색)

머리 꼭대기에 있는 원형코의 가운데에 코바늘을 통과시킵니다.

사슬 6코를 만듭니다.

1단 바늘에서 두 번째 사슬부터 시작, 빼뜨기 5 [5코]

다음 코는 머리에 대고 빼뜨기를 하여 사슬코를 머리에 연결합니다. 원형코의 다음 코에 코바늘을 통과시켜 사슬 6코를 만듭니다.

방향을 돌려서 바늘에서 두 번째 사슬부터 시작, 빼뜨기 5코를 하고, 빼뜨기로 머리에 연결합니다. 계속해서 다음 코를 따라 약 다섯 단 아래로 머리카락을 만듭니다.

(원하면 몇 단 더 아래로 머리카락을 만들어도 됩니다. 아래의 사진 참조)

판초

참고 저는 아래 그림 도안을 따라 태피스트리 기법을 써서 판초를 만들었습니다. 이 기법에 자신이 없으면 단색 또는 단순한 스트라이프 패턴의 판초를 떠도 됩니다.

(메인 컬러로 시작)

사슬 48코를 만듭니다. 사슬코가 꼬이지 않도록 주의해서 잡고, 코바늘을 첫 번째 코에 넣고 빼뜨기를 하여 기초사슬코를 연결합니다.
계속해서 도안에 따라 색을 배색하며 나선형 뜨기를 합니다.

1단 짧은뜨기 48 [48코]
2단 짧은뜨기 23, 다음 한 코에 짧은뜨기 3, 짧은뜨기 23, 다음 한 코에 짧은뜨기 3 [52코]
3단 짧은뜨기 52 [52코]
4단 짧은뜨기 24, 다음 한 코에 짧은뜨기 3, 짧은뜨기 25, 다음 한 코에 짧은뜨기 3, 짧은뜨기 1 [56코]
5단 짧은뜨기 56 [56코]
6단 짧은뜨기 25, 다음 한 코에 짧은뜨기 3, 짧은뜨기 27, 다음 한 코에 짧은뜨기 3, 짧은뜨기 2 [60코]
7단 짧은뜨기 60 [60코]
8단 짧은뜨기 26, 다음 한 코에 짧은뜨기 3, 짧은뜨기 29, 다음 한 코에 짧은뜨기 3, 짧은뜨기 3 [64코]
9단 짧은뜨기 64 [64코]
10단 짧은뜨기 27, 다음 한 코에 짧은뜨기 3, 짧은뜨기 31, 다음 한 코에 짧은뜨기 3, 짧은뜨기 4 [68코]
11단 짧은뜨기 68 [68코]
12단 짧은뜨기 28, 다음 한 코에 짧은뜨기 3, 짧은뜨기 33, 다음 한 코에 짧은뜨기 3, 짧은뜨기 5 [72코]
13단 짧은뜨기 72 [72코]
14단 짧은뜨기 29, 다음 한 코에 짧은뜨기 3, 짧은뜨기 35, 다음 한 코에 짧은뜨기 3, 짧은뜨기 6 [76코]
15단 짧은뜨기 76 [76코]
16단 짧은뜨기 30, 다음 한 코에 짧은뜨기 3, 짧은뜨기 37, 다음 한 코에 짧은뜨기 3, 짧은뜨기 7 [80코]
17단 짧은뜨기 80 [80코]
18단 짧은뜨기 31, 다음 한 코에 짧은뜨기 3, 짧은뜨기 39, 다음 한 코에 짧은뜨기 3, 짧은뜨기 8 [84코]
19단 짧은뜨기 84 [84코]

실을 자르고 마무리 합니다. 실 끝이 보이지 않게 정리합니다.
마지막으로 술을 달아 판초를 완성합니다.

판다 롤라

롤라는 중국의 친링 산맥에서 태어나 다섯 살 때부터 샌프란시스코에서 살았어요.
다른 친척들은 거의 대나무만 먹지만,
롤라는 대나무에 양파, 완두콩, 바삭하게 구운 베이컨, 버섯을 넣고 잘 볶아야만 먹어요.
그래요, 롤라는 정성이 들어간 음식을 좋아하고, 가능하면 매일 다른 음식을 먹으려고 해요.
현재 여러 잡지에 맛에 대한 칼럼을 기고하는 작가로 활동하는데, 전문 분야는 농업생태학이에요.
회색곰 한스의 절친이기도 해요(항간에는 둘이 썸 타는 사이라는 말도 있어요).

난이도 ★★

키
높이 24cm(제시된 실로 떴을 때, 귀 포함)

재료
- DK 또는 라이트 우스티드:
  오프 화이트, 차콜 그레이,
  틸 블루, 흰색, 분홍색 약간,
  검은색 약간
- 코바늘 2.75mm
- 검은색 나사형 인형 눈(8mm)
- 솜

주의
머리와 몸통을 하나로 뜹니다.

주둥이

(오프 화이트색)

사슬 6코를 만듭니다. 기초사슬코의 양쪽에서 뜨고 원형뜨기 합니다.

1단 바늘에서 두 번째 사슬부터 시작, 짧은뜨기 4, 마지막 사슬에 짧은뜨기 3, 기초사슬코의 맞은편 고리에 이어서 뜹니다. 짧은뜨기 3, 늘리기 [12코]
2단 늘리기, 짧은뜨기 3, (늘리기) × 3, 짧은뜨기 3, (늘리기) × 2 [18코]
3-4단 짧은뜨기 18 [18코]
바느질하기 위한 실을 길게 남겨 자르고, 마무리를 합니다.
검은색 실로 입과 코를 수놓습니다.
주둥이에 솜을 약간 채웁니다.

머리와 몸통

(오프 화이트색 실로 시작, 원형뜨기 합니다.)

1단 실고리로 원형코 만들기, 짧은뜨기 6 [6코]
2단 (늘리기) × 6 [12코]
3단 (짧은뜨기 1, 늘리기) × 6 [18코]
4단 (짧은뜨기 2, 늘리기) × 6 [24코]
5단 (짧은뜨기 3, 늘리기) × 6 [30코]
6단 (짧은뜨기 4, 늘리기) × 6 [36코]
7단 (짧은뜨기 5, 늘리기) × 6 [42코]
8단 (짧은뜨기 6, 늘리기) × 6 [48코]
9단 (짧은뜨기 7, 늘리기) × 6 [54코]
10-12단 짧은뜨기 54 [54코]
계속해서 오프 화이트색과 차콜 그레이색을 번갈아 배색하며 뜨는데, 각 줄의 앞에 색이 제시되어 있습니다.
13단 (오프 화이트) 짧은뜨기 19, (차콜 그레이) 짧은뜨기 3, (오프 화이트) 짧은뜨기 10, (차콜 그레이) 짧은뜨기 3, (오프 화이트) 짧은뜨기 19 [54코]
14단 (오프 화이트) 짧은뜨기 18, (차콜 그레이) 짧은뜨기 5, (오프 화이트) 짧은뜨기 8, (차콜 그레이) 짧은뜨기 5, (오프 화이트) 짧은뜨기 18 [54코]
15-16단 (오프 화이트) 짧은뜨기 17, (차콜 그레이) 짧은뜨기 6, (오프 화이트) 짧은뜨기 8, (차콜 그레이) 짧은뜨기 6, (오프 화이트) 짧은뜨기 17 [54코]
17단 (오프 화이트) 짧은뜨기 17, (차콜 그레이) 짧은뜨기 5, (오프 화이트) 짧은뜨기 10, (차콜 그레이) 짧은뜨기 5, (오프 화이트) 짧은뜨기 17 [54코]
18단 (오프 화이트) 짧은뜨기 17, (차콜 그레이) 짧은뜨기 4, (오프 화이트) 짧은뜨기 12, (차콜 그레이) 짧은뜨기 4, (오프 화이트) 짧은뜨기 17 [54코]

19-20단 (오프 화이트) 짧은뜨기 54 [54코]
주둥이를 12-17단 사이에 바느질하여 붙입니다.
15-16단 사이, 주둥이에서 양쪽으로 2코 정도 떨어진 곳에
나사형 인형 눈을 끼웁니다.
분홍색 실로 두 볼에 수를 놓습니다.
21단 (차콜 그레이) (짧은뜨기 8, 늘리기) × 6 [60코]
22-24단 짧은뜨기 60 [60코]
25-42단 (오프 화이트) 짧은뜨기 60 [60코]
43단 (짧은뜨기 8, 줄이기) × 6 [54코]
44-45단 짧은뜨기 54 [54코]
46단 (짧은뜨기 7, 줄이기) × 6 [48코]
47단 짧은뜨기 48 [48코]

다리

다리를 만들기 위해 코를 나눕니다. 두 다리 사이 공간을 위해
앞뒤 6코씩, 다리 하나에 18코씩으로 나눕니다(이때 스티치마커를
사용하면 편리합니다).
두 다리가 머리와 보기 좋게 나란하지 않으면, 몸통에서 짧은뜨기를
몇 코 더 뜨거나 풀어서 중심을 맞춰주세요. 뒷면에 있는 다리의
마지막 코를 앞면에 짧은뜨기로 연결합니다(이 짧은뜨기는 다리의
첫 번째 코가 됩니다).
이제 첫 번째 다리의 코가 원형으로 연결되었습니다.
계속해서 첫 번째 다리를 뜹니다.
실을 차콜 그레이 색으로 바꿉니다.
48-52단 짧은뜨기 18 [18코]
몸통과 다리에 솜을 단단히 채웁니다.
53단 (짧은뜨기 1, 줄이기) × 6 [12코]
54단 (줄이기) × 6 [6코]
실을 길게 남겨 자르고, 마무리를 합니다. 실 끝을 돗바늘에 꿰어 남은
각 코의 앞고리에 통과시킨 뒤, 단단히 잡아당겨서 구멍을 막습니다.
실 끝이 보이지 않게 정리합니다.

두 번째 다리

47단의 뒷면에서 뜨지 않은 일곱 번째 코에 차콜 그레이색 실을 다시
연결합니다.
여기에서 두 번째 다리의 첫 번째 코를 시작합니다.

48단 짧은뜨기 18, 열여덟 번째 코에 다다르면, 첫 번째 코에서
짧은뜨기를 하여 원형으로 연결합니다. [18코]
49-54단 첫 번째 다리와 같은 방식으로 뜹니다.
두 번째 다리에 솜을 채우고 필요하면 몸통에 솜을 더 채웁니다.
돗바늘을 이용하여 두 다리 사이의 공간(앞, 뒤 6코)을 바느질하여 막습니다.

귀

(2개, 차콜 그레이색, 원형뜨기 합니다)
1단 실고리로 원형코 만들기, 짧은뜨기 6 [6코]
2단 (늘리기) × 6 [12코]
3-5단 짧은뜨기 12 [12코]
바느질하기 위한 실을 길게 남겨 자르고, 마무리를 합니다.
귀에는 솜을 채우지 않아도 됩니다.
편평하게 펴고, 귀를 머리의 4-10단 사이에 바느질하여 붙입니다.

팔

(2개, 차콜 그레이색, 원형뜨기 합니다)
1단 실고리로 원형코 만들기, 짧은뜨기 5 [5코]
2단 (늘리기) × 5 [10코]
3단 짧은뜨기 10 [10코]
4단 (짧은뜨기 1, 늘리기) × 5 [15코]
5-14단 짧은뜨기 15 [15코]
바느질하기 위한 실을 길게 남겨 자르고, 마무리를 합니다.
팔을 몸통의 양 옆, 21-22단 사이에 바느질하여 붙입니다.

꼬리

(오프 화이트색, 원형뜨기 합니다)
1단 실고리로 원형코 만들기, 짧은뜨기 5 [5코]
2-3단 짧은뜨기 5 [5코]
바느질하기 위한 실을 길게 남겨 자르고, 마무리를 합니다.
꼬리에는 솜을 채우지 않아도 됩니다.
꼬리를 몸통 뒷면 중앙, 39단에 바느질하여 붙입니다.

스커트

참고 스커트는 아래 도안을 따라 자카드 무늬 기법을 사용하여 만듭니다. 이 기법에 자신이 없으면, 단색으로 떠도 됩니다.

(틸 블루색으로 시작, 원형뜨기 합니다)

사슬 60코를 만듭니다. 사슬이 꼬이지 않도록 주의해서 잡고, 코바늘을 첫 번째 사슬코에 넣고 빼뜨기를 하여 기초사슬코를 연결합니다.
계속해서 나선형 뜨기를 합니다.

1단 짧은뜨기 60 [60코]

계속해서 아래 그림 도안을 따라 틸 블루색 실과 흰색 실로 자카드 무늬를 뜹니다.

2단 (짧은뜨기 2, 늘리기) × 20 [80코]
3-4단 짧은뜨기 80 [80코]
5단 (짧은뜨기 3, 늘리기) × 20 [100코]
6-7단 짧은뜨기 100 [100코]
8단 빼뜨기 100 [100코]

실을 자르고 마무리를 합니다. 실 끝이 보이지 않게 정리합니다.

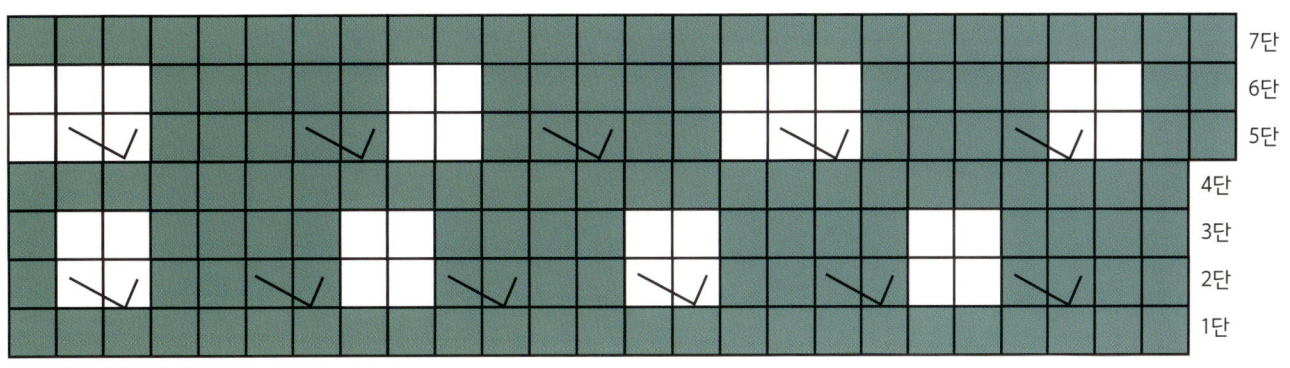

짧은뜨기 1코

참고 2단과 5단에서 코 늘리기를 하는 과정에서 패턴을 약간 조정해야 할 수도 있습니다.
도안의 'V'는 코 늘리기를 뜻합니다.

치타 로사

모두가 알다시피 치타는 가장 빠른 육상 동물이지만, 로사는 달리기엔 별로 관심이 없습니다.
그보다는 모차렐라 치즈와 토마토소스, 올리브가 잔뜩 올라간 피자를 좋아하지요.
또 독서와 공부에는 열정이 넘칩니다. 이미 로봇공학, 정보과학, 환경공학 학사 학위를 받았어요.
영문학 학위도 끝냈고, 새로 철학을 공부할까 생각 중이지요.
로사에게는 주변의 모든 것을 배우는 것이 무척이나 즐거운 일이랍니다.
로사는 정말로 무엇이든 다 공부할 것 같아요. 스포츠만 빼고요.

난이도 ★

키
30cm(제시된 실로 떴을 때, 귀 포함)

재료
- DK 또는 라이트 우스티드: 머스터드 옐로, 오프 화이트, 검은색, 파스텔 핑크, 페트롤 블루, 황갈색 약간
- 코바늘 2.75mm
- 검은색 나사형 인형 눈(10mm)
- 솜

주의
머리와 몸통을 하나로 뜹니다.

주둥이

(오프 화이트색 실로 시작, 원형뜨기 합니다)

1단 실고리로 원형코 만들기, 짧은뜨기 6 [6코]
다음 단부터 오프 화이트색과 머스터드 옐로색을 번갈아 배색하며 뜨는데, 각 줄의 앞에 색이 제시되어 있습니다.
2단 (오프 화이트) (늘리기) × 3, (머스터드 옐로) (늘리기) × 3 [12코]
3단 (오프 화이트) (짧은뜨기 1, 늘리기) × 3, (머스터드 옐로) (짧은뜨기 1, 늘리기) × 3 [18코]
4단 (오프 화이트) (짧은뜨기 2, 늘리기) × 3, (머스터드 옐로) (짧은뜨기 2, 늘리기) × 3 [24코]
5-6단 (오프 화이트) 짧은뜨기 12, (머스터드 옐로) 짧은뜨기 12 [24코]
바느질하기 위한 실을 길게 남겨 자르고, 마무리를 합니다.
검은색 실로 코와 입을 수놓습니다. 주둥이에 솜을 약간 채웁니다.

머리와 몸통

(머스터드 옐로색 실로 시작, 원형뜨기 합니다)

1단 실고리로 원형코 만들기, 짧은뜨기 6 [6코]
2단 (늘리기) × 6 [12코]
3단 (짧은뜨기 1, 늘리기) × 6 [18코]
4단 (짧은뜨기 2, 늘리기) × 6 [24코]
5단 (짧은뜨기 3, 늘리기) × 6 [30코]
6단 (짧은뜨기 4, 늘리기) × 6 [36코]
7단 (짧은뜨기 5, 늘리기) × 6 [42코]

8단　(짧은뜨기 6, 늘리기) × 6 [48코]
9단　(짧은뜨기 7, 늘리기) × 6 [54코]
10단　(짧은뜨기 8, 늘리기) × 6 [60코]
11-20단　짧은뜨기 60 [60코]
21단　(짧은뜨기 3, 줄이기) × 12 [48코]
22단　(짧은뜨기 2, 줄이기) × 12 [36코]
23단　(짧은뜨기 4, 줄이기) × 6 [30코]

주둥이를 13-20단 사이에 바느질하여 붙입니다.
주둥이는 원형 단이 시작하는 곳과 반대쪽에 있어야 합니다.
16-17단 사이, 주둥이에서 양쪽으로 3코 정도 떨어진 곳에
나사형 인형 눈을 끼웁니다.
검은색 실로 눈썹을, 황갈색 실로 이마의 무늬와 볼을 수놓습니다.

24단　(짧은뜨기 3, 줄이기) × 6 [24코]
25단　(짧은뜨기 2, 줄이기) × 6 [18코]
26단　짧은뜨기 18 [18코]

머리에는 솜을 단단히 채웁니다. 실을 파스텔 핑크색으로 바꿉니다.

27단　(짧은뜨기 2, 늘리기) × 6 [24코]
28단　(짧은뜨기 3, 늘리기) × 6 [30코]
29-31단　짧은뜨기 30 [30코]
32단　(짧은뜨기 4, 늘리기) × 6 [36코]
33-36단　짧은뜨기 36 [36코]

실을 머스터드 옐로색으로 바꿉니다.

37단　(이 단은 뒷고리만 뜹니다) 짧은뜨기 36 [36코]
38-43단　짧은뜨기 36 [36코]

다리

다리를 만들기 위해 코를 나눕니다. 다리 하나에 15코씩, 두 다리 사이
공간을 위해 앞쪽과 뒤쪽에 3코씩 나눕니다(이때 스티치마커를 사용하면
편리합니다).
두 다리가 머리와 나란하지 않으면, 몸통에서 짧은뜨기를 몇 코 더 뜨거나
코를 풀어 중심을 맞춥니다. 그런 다음 첫 번째 다리의 앞쪽 시작 코와
뒤쪽 마지막 코를 짧은뜨기로 연결합니다(이 짧은뜨기는 다리의 첫 번째
코가 됩니다).
이제 첫 번째 다리의 코가 원형으로 연결되었습니다. 계속해서 첫 번째
다리를 뜹니다.

44-71단　짧은뜨기 15 [15코]

몸통과 다리에 솜을 단단히 채웁니다.

72단　(짧은뜨기 1, 줄이기) × 5 [10코]
73단　(줄이기) × 5 [5코]

실을 길게 남겨 자르고, 마무리를 합니다. 실 끝을 돗바늘에 꿰어 남은

각 코의 앞고리에 통과시킨 뒤, 단단히 잡아당겨서 구멍을 막습니다.
실 끝이 보이지 않게 정리합니다.

두 번째 다리

43단의 뒷면에서 뜨지 않은 네 번째 코에 머스터드 옐로색 실을 다시 연결합니다. 여기에서 두 번째 다리의 첫 번째 코를 시작합니다.

44단 짧은뜨기 15, 열다섯 번째 코에 다다르면, 첫 번째 코에서 짧은뜨기를 하여 원형으로 연결합니다. [15코]

45-73단 첫 번째 다리와 같은 방식으로 뜹니다.

두 번째 다리에 솜을 채우고 필요하면 몸통에 솜을 더 채웁니다. 돗바늘을 이용하여 두 다리 사이의 공간(앞, 뒤 3코)을 바느질하여 막습니다.
황갈색 실로 엉덩이의 무늬를 수놓습니다.

팔

(2개, 머스터드 옐로색 실로 시작, 원형뜨기 합니다)

1단 실고리로 원형코 만들기, 짧은뜨기 6 [6코]
2단 (늘리기) × 6 [12코]
3-4단 짧은뜨기 12 [12코]
5단 짧은뜨기 1, 한길긴뜨기 5코 구슬뜨기 1, 짧은뜨기 10 [12코]
6-18단 짧은뜨기 12 [12코]
실을 파스텔 핑크색으로 바꿉니다.
19-21단 짧은뜨기 12 [12코]
22단 (짧은뜨기 1, 줄이기) × 4 [8코]
바느질하기 위한 실을 길게 남겨 자르고, 마무리를 합니다. 팔에 솜을 채웁니다.
팔을 몸통의 양 옆, 28-29단 사이에 바느질하여 붙입니다.

귀

(2개, 검은색 실로 시작, 원형뜨기 합니다)

1단 실고리로 원형코 만들기, 짧은뜨기 6 [6코]
2단 (늘리기) × 6 [12코]
실을 머스터드 옐로색으로 바꿉니다.
3-5단 짧은뜨기 12 [12코]
바느질하기 위한 실을 길게 남겨 자르고, 마무리를 합니다.
오프 화이트색 실로 작은 줄 3개를 수놓습니다. 솜은 채우지 않아도 됩니다.
귀를 편평하게 편 뒤 머리에 바느질하여 붙입니다.

꼬리

(검은색 실로 시작, 원형뜨기 합니다)

1단 실고리로 원형코 만들기, 짧은뜨기 5 [5코]
2단 (늘리기) × 5 [10코]
3-6단 짧은뜨기 10 [10코]
실을 머스터드 옐로색으로 바꿉니다.
7-10단 짧은뜨기 10 [10코]
솜을 약간 채우고 계속 뜨면서 도중에 솜을 채워 넣습니다.
계속해서 두 단은 검은색으로, 세 단은 머스터드 옐로색으로 번갈아 배색하며 스트라이프 패턴을 뜹니다.
11-25단 짧은뜨기 10 [10코]
계속해서 한 단은 검은색으로, 두 단은 머스터드 옐로색으로 번갈아 배색하며 스트라이프 패턴을 뜹니다.
26-42단 짧은뜨기 10 [10코]
바느질하기 위한 실을 길게 남겨 자르고, 마무리를 합니다.
필요하면 꼬리에 솜을 더 채웁니다.
꼬리를 몸통 뒷면 중앙, 38단에 바느질하여 붙입니다.

점퍼스커트

(페트롤 블루색, 원형뜨기 합니다)

사슬 42코를 만듭니다. 사슬코가 꼬이지 않도록 주의해서 잡고, 코바늘을 첫 번째 사슬코에 넣고 빼뜨기를 하여 기초사슬코를 연결합니다. 계속해서 나선형 뜨기를 합니다.

1단 짧은뜨기 42 [42코]

2단 (짧은뜨기 6, 늘리기) × 6 [48코]

3단 (짧은뜨기 7, 늘리기) × 6 [54코]

4단 (짧은뜨기 8, 늘리기) × 6 [60코]

5-9단 짧은뜨기 60 [60코]

10단 빼뜨기 60 [60코]

실을 자르고 마무리를 합니다. 실 끝이 보이지 않게 정리합니다.

계속해서 1단의 가운데 8코를 가지고 평면뜨기를 하여 가슴받이를 뜹니다.

편물의 겉면을 앞에 놓고 코바늘을 넣어 고리 하나를 잡아 뺍니다.

1-4단 짧은뜨기 8, 사슬 1(기둥코), 방향 바꾸기 [8코]

5단 짧은뜨기 8 [8코]

이어서 다음과 같이 왼쪽 어깨끈을 만듭니다.

사슬 26코를 만듭니다. 바늘에서 두 번째 사슬부터 시작, 짧은뜨기 25,

계속해서 가슴받이의 왼쪽 둘레(5단)를 따라 짧은뜨기 5,

계속해서 치마 위 가장자리(허리선)를 따라 짧은뜨기 34,

계속해서 가슴받이의 오른쪽 둘레(5단)를 따라 짧은뜨기 5,

이어서 오른쪽 어깨끈을 만듭니다.

사슬 26코를 만듭니다. 바늘에서 두 번째 사슬부터 시작, 짧은뜨기 25,

계속해서 가슴받이 윗단에 빼뜨기 8, 실을 자르고 마무리를 합니다.

실 끝이 보이지 않게 정리합니다.

어깨끈을 뒤에서 교차시켜서 8코 간격으로 스커트에 바느질하여 붙입니다.

개구리 빅터

증조할아버지가 애니메이션 <벅스 버니> 시리즈 중 하나에 나와 'Hello, my baby'를 불러 유명해진 후,
빅터 가족은 모두 공연계에 진출하게 되었습니다. 빅터도 스포트라이트를 받는 것을 좋아해
예술가가 되었지요. <사랑은 비를 타고>의 진 켈리처럼 멋진 배우이자 뛰어난 댄서이지요.
그는 자신의 극단과 함께 전 세계를 돌며 공연을 해 그를 모르는 사람이 없을 정도랍니다.
내년에는 <반지의 제왕>에 출연한 이안 맥켈런 경과 함께 새로운 프로덕션을 만들 계획입니다.
빅터는 다른 이를 시샘하지는 않지만, 친구들처럼 '경'이라는 칭호를 받고 싶은 것 같아요.

난이도 ★

키
26cm(제시된 실로 떴을 때)

재료
- DK 또는 라이트 우스티드:
  세이지 그린, 흰색, 빨간색,
  노란색, 파란색, 분홍색 약간
- 코바늘 2.75mm
- 검은색 나사형 인형 눈(10mm)
- 솜

주의
머리와 몸통을 하나로 뜹니다.

눈 흰자위

(2개, 흰색, 원형뜨기 합니다)
1단 실고리로 원형코 만들기, 짧은뜨기 6 [6코]
2단 (늘리기) × 6 [12코]
다음 코에 빼뜨기를 합니다. 바느질하기 위한 실을 길게
남겨 자르고, 마무리를 합니다.
흰자위 가운데에 나사형 인형 눈을 끼우되, 아직 나사를
막는 와셔는 끼우지 마세요.

머리와 몸통

참고 속옷은 93쪽 도안을 따라 자카드 무늬 기법으로
만듭니다. 이 기법에 자신이 없으면, 단색으로 떠도
됩니다.

(세이지 그린색 실로 시작, 원형뜨기 합니다)
첫 번째 눈부터 시작합니다.
1단 실고리로 원형코 만들기, 짧은뜨기 6 [6코]
2단 (늘리기) × 6 [12코]
3단 (짧은뜨기 1, 늘리기) × 6 [18코]
4-5단 짧은뜨기 18 [18코]
실을 자르고 마무리를 합니다. 첫 번째 눈의 실 끝이
보이지 않게 정리합니다.
1-5단을 반복하여 두 번째 눈을 만드는데, 이번에는 실을
끊지 않고 다음 단에서
두 눈을 연결하여 머리를 만듭니다.
6단 사슬 6, 첫 번째 눈의 마지막 코에 짧은뜨기 1,
계속해서 첫 번째 눈의 남은 코에 짧은뜨기 17,
사슬 6코에 짧은뜨기 6, 두 번째 눈에 짧은뜨기 18,
사슬의 맞은편 고리에 짧은뜨기 6 [48코]
7단 (짧은뜨기 7, 늘리기) × 6 [54코]
8-14단 짧은뜨기 54 [54코]
흰자위에 끼운 나사형 인형 눈을 머리에 있는 눈의 4-5단
사이에 끼워 넣습니다.
나사를 막는 와셔를 끼우고 흰자위를 눈에 바느질하여
붙입니다.
분홍색 실로 양 볼에 수를 놓습니다.
15단 (짧은뜨기 8, 늘리기) × 6 [60코]
16-26단 짧은뜨기 60 [60코]
계속해서 흰색과 빨간색 실로 자카드 무늬로 뜹니다.
(93쪽의 그림 도안 참조)
27-33단 짧은뜨기 60 [60코]

다리

다리를 만들기 위해 코를 나눕니다. 두 다리 사이의 공간을 위해 앞뒤로 15코씩, 다리 하나에 15코씩으로 나눕니다(이때 스티치마커를 사용하면 편리합니다). 두 다리가 머리와 보기 좋게 나란하지 않으면, 몸통에서 짧은뜨기를 몇 코 더 뜨거나 풀어서 중심을 맞춥니다. 뒷면에 있는 다리의 마지막 코를 앞면에 짧은뜨기로 연결합니다(이 짧은뜨기는 다리의 첫 번째 코가 됩니다).

이제 첫 번째 다리의 코가 원형으로 연결되었습니다.

계속해서 첫 번째 다리를 뜹니다.

34단 짧은뜨기 15 [15코]

실을 세이지 그린색으로 바꿉니다.

35단 (이 단은 뒷고리만 뜹니다) 짧은뜨기 15 [15코]

36-54단 짧은뜨기 15 [15코]

몸통과 다리에 솜을 단단히 채웁니다. 바느질하기 위한 실을 길게 남겨 자르고, 마무리를 합니다.

두 번째 다리

33단의 뒷면에서 뜨지 않은 열여섯 번째 코에 흰색 실을 다시 연결합니다.

여기에서 두 번째 다리의 첫 번째 코를 시작합니다.

34단 짧은뜨기 15, 열다섯 번째 코에 다다르면, 첫 번째 코에서 짧은뜨기를 하여 원형으로 연결합니다. [15코]

35-54단 첫 번째 다리와 같은 방식으로 뜹니다.

두 번째 다리에 솜을 채우고, 필요하면 몸통에 솜을 더 채웁니다.

돗바늘을 이용하여 두 다리 사이의 공간(앞, 뒤 15코)을 바느질하여 막습니다.

물갈퀴

(2개, 노란색, 원형뜨기 합니다)

- **1단** 실고리로 원형코 만들기, 짧은뜨기 5 [5코]
- **2단** (늘리기) × 5 [10코]
- **3단** 짧은뜨기 10 [10코]
- **4단** (짧은뜨기 1, 늘리기) × 5 [15코]
- **5-7단** 짧은뜨기 15 [15코]
- **8단** (짧은뜨기 2, 늘리기) × 5 [20코]
- **9-18단** 짧은뜨기 20 [20코]

바느질하기 위한 실을 길게 남겨 자르고, 마무리를 합니다. 물갈퀴에는 솜을 채우지 않습니다.
편평하게 펴서, 실 끝을 돗바늘에 꿰어 마지막 단에 있는 구멍을 막습니다. 물갈퀴를 다리에 바느질하여 붙입니다.

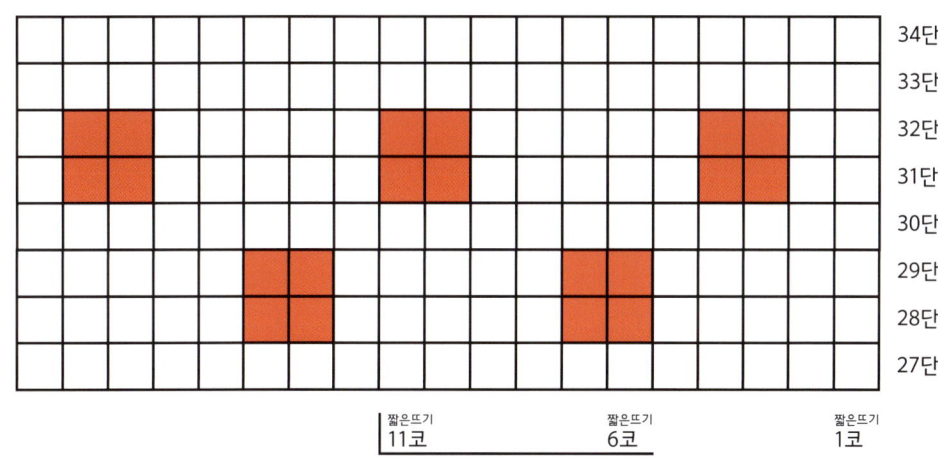

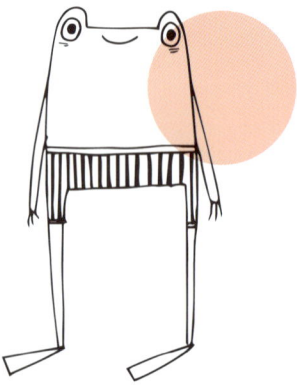

팔

(2개, 세이지 그린색, 원형뜨기 합니다)

1단 실고리로 원형코 만들기, 짧은뜨기 5 [5코]
2단 (늘리기) × 5 [10코]
3-20단 짧은뜨기 10 [10코]

바느질하기 위한 실을 길게 남겨 자르고, 마무리를 합니다. 팔에 솜을 채웁니다.
팔을 몸통의 양 옆, 14-15단 사이에 바느질하여 붙입니다.

손가락

(세이지 그린색)

코바늘을 1단의 한 코에 넣어 실의 고리를 잡아 뺀 뒤, 사슬 6코를 만듭니다.
1단 바늘에서 두 번째 사슬부터 빼뜨기 5 [5코]
팔의 다음 코에서 빼뜨기를 하여 손가락과 팔을 연결합니다.
사슬 6코를 뜨고 1단과 같이 두 번 더 반복합니다.
실을 자르고 마무리를 합니다. 실 끝이 보이지 않게 정리합니다. (위의 사진 참조)

반바지

(흰색 실로 시작, 원형뜨기 합니다)

사슬 60코를 만듭니다. 사슬코가 꼬이지 않도록 주의해서 잡고, 코바늘을
첫 번째 사슬코에 넣고 빼뜨기를 하여 기초사슬코를 연결합니다.
계속해서 매 단마다 흰색과 파란색을 번갈아 배색하며 나선형 뜨기를 합니다.
1-8단 짧은뜨기 60 [60코]
9단 (짧은뜨기 9, 늘리기) × 6 [66코]
10-12단 짧은뜨기 66 [66코]

반바지 다리

반바지 다리를 만들기 위해 코를 나눕니다. 두 다리 사이의 가운데 앞 공간을 위해 15코, 가운데 뒤를 위해 15코, 반바지 다리 하나에 18코씩으로 나눕니다(이때 스티치마커를 사용하면 편리합니다). 뒷면에 있는 반바지 다리의 마지막 코를 앞면에 짧은뜨기로 연결합니다(이 짧은뜨기는 반바지 다리의 첫 번째 코가 됩니다). 이제 첫 번째 반바지 다리의 코가 원형으로 연결되었습니다.

13-16단 짧은뜨기 18 [18코]
17단 빼뜨기 18 [18코]

실을 자르고 마무리를 합니다. 실 끝이 보이지 않게 정리합니다.

두 번째 반바지 다리

12단의 뒷면에서 뜨지 않은 열여섯 번째 코에 흰색 실을 다시 연결합니다.
여기에서 두 번째 반바지 다리의 첫 번째 코를 시작합니다.

13-17단 첫 번째 반바지 다리와 같은 방식으로 뜹니다.

실을 자르고 마무리를 합니다. 실 끝이 보이지 않게 정리합니다.
돗바늘을 이용하여 다리와 다리 사이의 앞면과 뒷면(앞, 뒤 15코)을 바느질하여 막습니다.

허리띠

(흰색)

1단의 첫 번째 코에 흰색 실을 연결합니다.

1단 빼뜨기 60 [60코]

실을 자르고 마무리를 합니다. 실 끝이 보이지 않게 정리합니다.

오리너구리 조지

조지는 저널리스트로 사회에 첫 발을 내딛었지만, 사실 꿈은 따로 있었습니다.
멋진 공상과학 소설이나 판타지 소설을 쓰는 작가가 되는 것이었죠.
그래서 조지는 일하는 틈틈이 소설을 썼고, 자기가 좋아하는 시간 여행과
우주에 대한 단편 소설을 여러 편 발표했습니다.
그리고 아는 사람은 거의 없지만(조지가 수줍음이 많아 자기 얘기를 별로 안 하거든요),
뛰어난 록 기타리스트이기도 해서 자기 밴드를 갖고 싶어 합니다. 밴드 이름도 이미 지어놓았지요.

난이도 ★

키
25cm(제시된 실로 떴을 때)

재료
- DK 또는 라이트 우스티드:
  갈색, 차콜 그레이, 흰색,
  노란색, 분홍색, 연회색
- 코바늘 2.75mm
- 검은색 나사형 인형 눈(8mm)
- 솜

주의
머리와 몸통을 하나로 뜹니다.

부리

머리에 붙은 작은 부분
(차콜 그레이색, 원형뜨기 합니다)

1단 실고리로 원형코 만들기, 짧은뜨기 6 [6코]
2단 (늘리기) × 6 [12코]
3단 (짧은뜨기 1, 늘리기) × 6 [18코]
4단 (짧은뜨기 2, 늘리기) × 6 [24코]
5단 (짧은뜨기 3, 늘리기) × 6 [30코]
6-9단 짧은뜨기 30 [30코]

바느질하기 위한 실을 길게 남겨 자르고, 마무리를 합니다.
부리에는 솜을 채우지 않습니다.

큰 부분
(차콜 그레이색, 원형뜨기 합니다)

1단 실고리로 원형코 만들기, 짧은뜨기 6 [6코]
2단 (늘리기) × 6 [12코]
3단 (짧은뜨기 1, 늘리기) × 6 [18코]
4단 (짧은뜨기 2, 늘리기) × 6 [24코]
5단 (짧은뜨기 3, 늘리기) × 6 [30코]
6-15단 짧은뜨기 30 [30코]

바느질하기 위한 실을 길게 남겨 자르고, 마무리를 합니다.
부리에는 솜을 채우지 않습니다.

머리와 몸통

(갈색, 원형뜨기 합니다)

1단 실고리로 원형코 만들기, 짧은뜨기 6 [6코]
2단 (늘리기) × 6 [12코]
3단 (짧은뜨기 1, 늘리기) × 6 [18코]
4단 (짧은뜨기 2, 늘리기) × 6 [24코]
5단 (짧은뜨기 3, 늘리기) × 6 [30코]
6단 (짧은뜨기 4, 늘리기) × 6 [36코]
7단 (짧은뜨기 5, 늘리기) × 6 [42코]
8단 (짧은뜨기 6, 늘리기) × 6 [48코]
9단 (짧은뜨기 7, 늘리기) × 6 [54코]
10-18단 짧은뜨기 54 [54코]
19단 (짧은뜨기 8, 늘리기) × 6 [60코]
20-26단 짧은뜨기 60 [60코]

부리의 작은 부분을 머리의 10-19단 사이에 바느질하여
붙이고, 그 위에 부리의 큰 부분을 바느질하여 붙입니다.
(99쪽 사진 참조)
11-18단 사이, 부리에서 양쪽으로 2코 정도 떨어진 곳에
나사형 인형 눈을 끼웁니다.

27단 (짧은뜨기 9, 늘리기) × 6 [66코]
28-40단 짧은뜨기 66 [66코]
41단 (짧은뜨기 9, 줄이기) × 6 [60코]
42-44단 짧은뜨기 60 [60코]
45단 (짧은뜨기 8, 줄이기) × 6 [54코]
46-50단 짧은뜨기 54 [54코]

다리

다리를 만들기 위해 코를 나눕니다. 다리 하나에 18코씩, 두 다리 사이 공간을 위해 앞쪽과 뒤쪽에 9코씩 나눕니다(이때 스티치마커를 사용하면 편리합니다).

두 다리가 머리와 나란하지 않으면, 몸통에서 짧은뜨기를 몇 코 더 뜨거나 코를 풀어 중심을 맞춥니다. 그런 다음 첫 번째 다리의 앞쪽 시작 코와 뒤쪽 마지막 코를 짧은뜨기로 연결합니다(이 짧은뜨기는 다리의 첫 번째 코가 됩니다).

이제 첫 번째 다리의 코가 원형으로 연결되었습니다. 계속해서 첫 번째 다리를 뜹니다.

51-53단 짧은뜨기 18 [18코]
54단 (짧은뜨기 4, 줄이기) × 3 [15코]
55-56단 짧은뜨기 15 [15코]

몸통과 다리에 솜을 단단히 채웁니다. 바느질하기 위한 실을 길게 남겨 자르고, 마무리를 합니다. 마지막 단의 구멍을 막지 않습니다.

두 번째 다리

50단의 뒷면에서 뜨지 않은 열 번째 코에 갈색 실을 다시 연결합니다. 여기에서 두 번째 다리의 첫 번째 코를 시작합니다.

51단 짧은뜨기 18, 열여덟 번째 코에 다다르면, 첫 번째 코에서 짧은뜨기를 하여 원형으로 연결합니다. [18코]
52-56단 첫 번째 다리와 같은 방식으로 뜹니다.

두 번째 다리에 솜을 채우고 필요하면 몸통에 솜을 더 채웁니다. 돗바늘을 이용하여 두 다리 사이의 공간(앞, 뒤 9코)을 바느질하여 막습니다.

발

(2개, 차콜 그레이색, 원형뜨기 합니다)

1단 실고리로 원형코 만들기, 짧은뜨기 5 [5코]
2단 (늘리기) × 5 [10코]
3단 짧은뜨기 10 [10코]
4단 (짧은뜨기 1, 늘리기) × 5 [15코]
5단 짧은뜨기 15 [15코]
6단 (짧은뜨기 2, 늘리기) × 5 [20코]
7-14단 짧은뜨기 20 [20코]

실을 자르고 마무리를 합니다. 발에는 솜을 채우지 않고, 편평하게 폅니다. 돗바늘을 이용하여 마지막 단의 구멍을 바느질하여 막습니다. 발을 다리에 바느질하여 붙입니다.

팔

(2개, 차콜 그레이색 실로 시작, 원형뜨기 합니다)

먼저 손가락 세 개를 만듭니다.

1단 실고리로 원형코 만들기, 짧은뜨기 6 [6코]
2-4단 짧은뜨기 6 [6코]

첫 번째와 두 번째 손가락은 실을 자르고 마무리를 합니다.

세 번째 손가락의 경우 1-4단까지 동일하게 반복하지만 손가락을 연결하여 손을 만들기 위해 실을 자르지 않습니다.

5단 세 번째 손가락과 두 번째 손가락을 연결합니다. 세 번째 손가락에 바늘이 걸려있는 상태에서 두 번째 손가락에 짧은뜨기 3, 이어서 첫 번째 손가락에 짧은뜨기 6, 다시 두 번째 손가락에 코바늘을 넣어 남은 3코에 짧은뜨기 3, 이어서 세 번째 손가락에 짧은뜨기 6 [18코]

남은 실 끝을 사용하여 손가락들 사이의 구멍을 바느질하여 막습니다.

6단 짧은뜨기 18 [18코]
7단 (짧은뜨기 4, 줄이기) × 3 [15코]

실을 갈색으로 바꿉니다.

8-10단 짧은뜨기 15 [15코]
11단 (짧은뜨기 3, 줄이기) × 3 [12코]
12-17단 짧은뜨기 12 [12코]

바느질하기 위한 실을 길게 남겨 자르고, 마무리를 합니다. 팔에 솜을 약간 채웁니다. 팔을 몸통의 양 옆, 23-24단 사이에 바느질하여 붙입니다.

바지

(흰색 실로 시작, 원형뜨기 합니다)

사슬 66코를 만듭니다. 사슬코가 꼬이지 않도록 주의해서 잡고, 코바늘을 첫 번째 사슬코에 넣고 빼뜨기를 하여 기초사슬코를 연결합니다. 계속해서 나선형 뜨기를 하는데, 두 단은 흰색으로 두 단은 노란색으로 번갈아 배색하며 스트라이프 패턴을 뜹니다.

1-7단 짧은뜨기 66 [66코]
8단 (짧은뜨기 10, 늘리기) × 6 [72코]
9단 짧은뜨기 72 [72코]
10단 짧은뜨기 4, 사슬 14, 14코 건너뛰기, 짧은뜨기 54 [72코]
11-15단 짧은뜨기 72 [72코]
16단 (짧은뜨기 10, 줄이기) × 6 [66코]
17단 짧은뜨기 66 [66코]

바지 다리

바지 다리를 만들기 위해 코를 나눕니다. 두 다리 사이의 공간을 위해 앞과 뒤에 9코씩, 다리 하나에 24코씩으로 나눕니다(이때 스티치마커를 사용하면 편리합니다).
뒷면에는 꼬리를 달기 위한 구멍이 있어야 합니다. 뒷면에 있는 바지 다리의 마지막 코를 앞면에 짧은뜨기로 연결합니다(이 짧은뜨기는 바지 다리의 첫 번째 코가 됩니다).
이제 첫 번째 바지 다리의 코가 원형으로 연결되었습니다. 계속해서 첫 번째 바지 다리를 뜹니다.

18-20단 짧은뜨기 24 [24코]
21단 빼뜨기 24 [24코]
실을 자르고 마무리를 합니다. 실 끝이 보이지 않게 정리합니다.

두 번째 바지 다리

17단의 뒷면에서 뜨지 않은 열 번째 코에 노란색 실을 다시 연결합니다.
여기에서 두 번째 바지 다리의 첫 번째 코를 시작합니다.
18-21단 첫 번째 바지 다리와 같은 방식으로 뜹니다.
실을 자르고 마무리를 합니다. 실 끝이 보이지 않게 정리합니다.
돗바늘을 이용하여 다리 사이의 앞면과 뒷면(앞, 뒤 9코)을 바느질하여 막습니다.

허리띠

(연회색)
1단의 첫 번째 코에 연회색 실을 연결합니다.
1-2단 짧은뜨기 66 [66코]
3단 빼뜨기 66 [66코]
실을 자르고 마무리를 합니다. 실 끝이 보이지 않게 정리합니다.

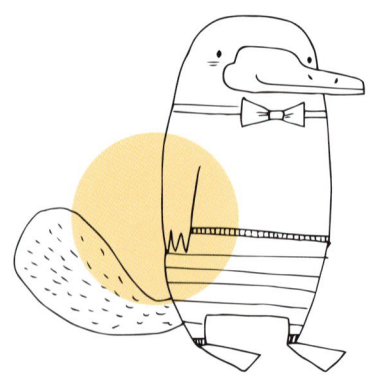

꼬리

(갈색, 원형뜨기 합니다)
1단 실고리로 원형코 만들기, 짧은뜨기 6 [6코]
2단 (늘리기) × 6 [12코]
3단 (짧은뜨기 1, 늘리기) × 6 [18코]
4단 (짧은뜨기 2, 늘리기) × 6 [24코]
5단 (짧은뜨기 3, 늘리기) × 6 [30코]
6단 (짧은뜨기 4, 늘리기) × 6 [36코]
7-12단 짧은뜨기 36 [36코]
13단 (짧은뜨기 7, 줄이기) × 4 [32코]
14-15단 짧은뜨기 32 [32코]
16단 (짧은뜨기 6, 줄이기) × 4 [28코]
17-18단 짧은뜨기 28 [28코]
19단 (짧은뜨기 5, 줄이기) × 4 [24코]
20-24단 짧은뜨기 24 [24코]
바느질하기 위한 실을 길게 남겨 자르고, 마무리를 합니다.
꼬리에 솜을 채웁니다. 바지에 있는 구멍의 위치를 고려하여 몸통에 꼬리를 바느질하여 붙입니다.

나비넥타이

(분홍색)
사슬 15코를 만들어 평면뜨기 합니다.
1단 바늘에서 두 번째 사슬부터 시작, 짧은뜨기 14, 사슬 1(기둥코), 방향 바꾸기 [14코]
2-7단 (이 단은 뒷고리만 뜹니다) 짧은뜨기 14, 사슬 1(기둥코), 방향 바꾸기 [14코]
실을 자르고 마무리 합니다. 실 끝이 보이지 않게 정리합니다.

가운데 끈

(분홍색)
사슬 10코, 기초사슬코를 만듭니다.
1단 바늘에서 두 번째 사슬부터 시작, 짧은뜨기 9 [9코]
바느질하기 위한 실을 길게 남겨 자르고, 마무리를 합니다.
가운데 끈으로 나비넥타이의 가운데를 감싸고 바느질하여 고정합니다. 나비넥타이를 부리 아래에 바느질하여 붙입니다.

긴코너구리 마르코스

마르코스는 아르헨티나의 미시오네스에서 태어났어요.
지금은 이과수 국립공원에서 공원 관리인으로 일하고 있지요.
공원 주변의 역사와 토종 식물 전문가인데, 곤충은 좋아하지 않아요.
축구 팬이기도 해요(당연히 보카 주니어스 팬이죠).
매일 마테차를 꼭 마셔야 하고, 치즈 롤빵인 치빠를 좋아해요(둘 다 과라니 전통 음식이죠).
그래서인지 요새 살이 쪘어요. 하루에 치빠를 열두 개 이상 먹는 건 좀 지나쳤나 봐요.

난이도 ★

키
30cm(제시된 실로 떴을 때, 귀 포함)

재료
- DK 또는 라이트 우스티드:
  주황색, 오프 화이트, 검은색,
  흰색, 페트롤 블루, 노란색,
  분홍색
- 코바늘 2.75mm
- 검은색 나사형 인형 눈(8mm)
- 솜

주의
머리와 몸통을 하나로 뜹니다.

주둥이

(검은색 실로 시작, 원형뜨기 합니다)

1단 실고리로 원형코 만들기, 짧은뜨기 5 [5코]
2단 (늘리기) × 5 [10코]
3단 (짧은뜨기 1, 늘리기) × 5 [15코]
4-5단 짧은뜨기 15 [15코]
실을 주황색으로 바꿉니다.
6-7단 짧은뜨기 15 [15코]
8단 짧은뜨기 6, (늘리기) × 3, 짧은뜨기 6 [18코]
9단 짧은뜨기 18 [18코]
계속해서 오프 화이트색과 주황색을 번갈아 배색하며 뜨는데, 각 줄의 앞에 색이 제시되어 있습니다.
10단 (오프 화이트) 짧은뜨기 5, (주황색) 짧은뜨기 8, (오프 화이트) 짧은뜨기 5 [18코]
11단 (오프 화이트) 짧은뜨기 5, (주황색) 짧은뜨기 2, (늘리기, 짧은뜨기 1) × 3, (오프 화이트) 짧은뜨기 5 [21코]
12단 (오프 화이트) 짧은뜨기 5, (주황색) 짧은뜨기 11, (오프 화이트) 짧은뜨기 5 [21코]
바느질하기 위한 실을 길게 남겨 자르고, 마무리를 합니다. 검은색 실로 입을 수놓습니다.
주둥이에 솜을 약간 채웁니다.

머리와 몸통

(주황색 실로 시작, 원형뜨기 합니다)

1단 실고리로 원형코 만들기, 짧은뜨기 6 [6코]
2단 (늘리기) × 6 [12코]
3단 (짧은뜨기 1, 늘리기) × 6 [18코]

4단 (짧은뜨기 2, 늘리기) × 6 [24코]
5단 (짧은뜨기 3, 늘리기) × 6 [30코]
6단 (짧은뜨기 4, 늘리기) × 6 [36코]
7단 (짧은뜨기 5, 늘리기) × 6 [42코]
8단 (짧은뜨기 6, 늘리기) × 6 [48코]
9단 (짧은뜨기 7, 늘리기) × 6 [54코]
10-13단 짧은뜨기 54 [54코]

다음 단부터 오프 화이트색과 주황색을 번갈아 배색하며 뜨는데,
각 줄의 앞에 색이 제시되어 있습니다.

14단 (주황색) 짧은뜨기 14, (오프 화이트) 짧은뜨기 8, (주황색) 짧은뜨기 10, (오프 화이트) 짧은뜨기 8, (주황색) 짧은뜨기 14 [54코]

15단 (주황색) 짧은뜨기 13, (오프 화이트) 짧은뜨기 10, (주황색) 짧은뜨기 8, (오프 화이트) 짧은뜨기 10, (주황색) 짧은뜨기 13 [54코]

16-17단 (주황색) 짧은뜨기 22, (오프 화이트) 짧은뜨기 10, (주황색) 짧은뜨기 22 [54코]

18단 (주황색) 짧은뜨기 13, (오프 화이트) 짧은뜨기 2, (주황색) 짧은뜨기 7, (오프 화이트) 짧은뜨기 10, (주황색) 짧은뜨기 7, (오프 화이트) 짧은뜨기 2, (주황색) 짧은뜨기 13 [54코]

19-20단 (주황색) 짧은뜨기 12, (오프 화이트) 짧은뜨기 30, (주황색) 짧은뜨기 12 [54코]

21단 (주황색) (짧은뜨기 4, 줄이기) × 2, (오프 화이트) (짧은뜨기 4, 줄이기) × 5, (주황색) (짧은뜨기 4, 줄이기) × 2 [45코]

22단 (주황색) (짧은뜨기 3, 줄이기) × 2, (오프 화이트) (짧은뜨기 3, 줄이기) × 5, (주황색) (짧은뜨기 3, 줄이기) × 2 [36코]

23단 (주황색) 짧은뜨기 4, 줄이기, 짧은뜨기 2, (오프 화이트) 짧은뜨기 2, 줄이기, (짧은뜨기 4, 줄이기) × 2, 짧은뜨기 4, (주황색) 줄이기, 짧은뜨기 4, 줄이기 [30코]

주둥이를 16-21단 사이에 바느질하여 붙입니다. 주둥이는 원형 단이 시작하는 곳과 반대쪽에 있어야 합니다. 17-18단 사이, 주둥이에서 양쪽으로 4코 정도 떨어진 곳에 나사형 인형 눈을 끼웁니다.

24단 (주황색) 짧은뜨기 3, 줄이기, 짧은뜨기 2, (오프 화이트) 짧은뜨기 1, 줄이기, (짧은뜨기 3, 줄이기) × 3, (주황색) 짧은뜨기 3, 줄이기 [24코]

25단 (주황색) 짧은뜨기 2, 줄이기, 짧은뜨기 2, (오프 화이트) 줄이기, (짧은뜨기 2, 줄이기) × 3, (주황색) 짧은뜨기 2, 줄이기 [18코]

26단 (주황색) 짧은뜨기 5, (오프 화이트) 짧은뜨기 10, (주황색) 짧은뜨기 3 [18코]

계속해서 매 단마다 흰색과 페트롤 블루색을 번갈아 배색하며 스트라이프 패턴을 뜹니다.

27단 (짧은뜨기 2, 늘리기) × 6 [24코]
28단 (짧은뜨기 3, 늘리기) × 6 [30코]
29-31단 짧은뜨기 30 [30코]
32단 (짧은뜨기 4, 늘리기) × 6 [36코]
33-37단 짧은뜨기 36 [36코]

실을 주황색으로 바꿉니다.
38단 (이 단은 뒷고리만 뜹니다) 짧은뜨기 36 [36코]
39-43단 짧은뜨기 36 [36코]

다리

다리를 만들기 위해 코를 나눕니다. 다리 하나에 15코씩, 다리 사이 공간을 위해 앞뒤 3코씩으로 나눕니다(이때 스티치마커를 사용하면 편리합니다).
두 다리가 머리와 나란하지 않으면, 몸통에서 짧은뜨기를 몇 코 더 뜨거나 풀어 중심을 맞춥니다. 뒷면에 있는 다리의 마지막 코를 앞면에 짧은뜨기로 연결합니다(이 짧은뜨기는 다리의 첫 번째 코가 됩니다).
이제 첫 번째 다리의 코가 원형으로 연결되었습니다.
계속해서 첫 번째 다리를 뜹니다.

44-67단 짧은뜨기 15 [15코]
몸통과 다리에 솜을 단단히 채웁니다.
68단 (짧은뜨기 1, 줄이기) × 5 [10코]
69단 (줄이기) × 5 [5코]

실을 길게 남겨 자르고, 마무리를 합니다. 실 끝을 돗바늘에 꿰어 남은 각 코의 앞고리에 통과시킨 뒤, 단단히 잡아당겨서 구멍을 막습니다. 실 끝이 보이지 않게 정리합니다.

두 번째 다리

43단의 뒷면에서 뜨지 않은 네 번째 코에 주황색 실을 다시 연결합니다.
여기에서 두 번째 다리의 첫 번째 코를 시작합니다.
44단 짧은뜨기 15, 열다섯 번째 코에 다다르면, 첫 번째 코에서 짧은뜨기를 하여 원형으로 연결합니다. [15코]
45-69단 첫 번째 다리와 같은 방식으로 뜹니다.
두 번째 다리에 솜을 채우고 필요하면 몸통에 솜을 더 채웁니다.
돗바늘을 이용하여 다리 사이의 공간(앞, 뒤 3코)을 바느질하여 막습니다.

팔

(2개, 주황색 실로 시작, 원형뜨기 합니다)

1단 실고리로 원형코 만들기, 짧은뜨기 6 [6코]
2단 (늘리기) × 6 [12코]
3-4단 짧은뜨기 12 [12코]
5단 짧은뜨기 1, 한길긴뜨기 5코 구슬뜨기 1, 짧은뜨기 10 [12코]
6-17단 짧은뜨기 12 [12코]

계속해서 매 단마다 흰색과 페트롤 블루색을 번갈아 배색하며 스트라이프 패턴을 뜹니다.

18-20단 짧은뜨기 12 [12코]

21단 (짧은뜨기 1, 줄이기) × 4 [8코]

바느질하기 위한 실을 길게 남겨 자르고, 마무리를 합니다. 팔에 솜을 채웁니다.
팔을 몸통의 양 옆, 28-29단 사이에 바느질하여 붙입니다.

귀

(2개, 오프 화이트색 실로 시작, 원형뜨기 합니다)

1단 실고리로 원형코 만들기, 짧은뜨기 6 [6코]
2단 (늘리기) × 6 [12코]
3단 (짧은뜨기 1, 늘리기) × 6 [18코]
4단 짧은뜨기 18 [18코]

실을 주황색으로 바꿉니다.

5-8단 짧은뜨기 18 [18코]

바느질하기 위한 실을 길게 남겨 자르고, 마무리를 합니다.
귀에는 솜을 채우지 않습니다. 편평하게 펴서 머리에 바느질하여 붙입니다.

반바지

(노란색, 원형뜨기 합니다)

사슬 42코를 만듭니다. 사슬코가 꼬이지 않도록 주의해서 잡고, 코바늘을 첫 번째 사슬코에 넣고 빼뜨기를 하여 기초사슬코를 연결합니다. 계속해서 나선형 뜨기를 합니다.

1-2단 짧은뜨기 42 [42코]
3단 짧은뜨기 32, 사슬 9, 9코 건너뛰기, 짧은뜨기 1 [42코]
4-8단 짧은뜨기 42 [42코]

반바지 다리

반바지 다리를 만들기 위해 코를 나눕니다. 다리 하나에 18코씩, 다리 사이 공간을 위해 앞뒤 3코씩으로 나눕니다(이때 스티치마커를 사용하면 편리합니다).
뒷면에 있는 반바지 다리의 마지막 코를 앞면에 짧은뜨기로 연결합니다(이 짧은뜨기는 반바지 다리의 첫 번째 코가 됩니다). 이제 첫 번째 반바지 다리의 코가 원형으로 연결되었습니다. 계속해서 첫 번째 반바지 다리를 뜹니다.

9-12단 짧은뜨기 18 [18코]
13단 빼뜨기 18 [18코]

실을 자르고 마무리를 합니다. 실 끝이 보이지 않게 정리합니다.

두 번째 반바지 다리

8단의 뒷면에서 뜨지 않은 네 번째 코에 노란색 실을 다시 연결합니다.
여기에서 두 번째 반바지 다리의 첫 번째 코를 시작합니다.

9-13단 첫 번째 다리와 같은 방식으로 뜹니다.

실을 자르고 마무리를 합니다. 실 끝이 보이지 않게 정리합니다.
돗바늘을 이용하여 다리 사이의 앞면과 뒷면(앞, 뒤 3코)을 바느질하여 막습니다.

허리띠

(분홍색)

1단의 첫 번째 코에 분홍색 실을 연결합니다.

1-2단 짧은뜨기 42 [42코]
3단 빼뜨기 42 [42코]

실을 자르고 마무리를 합니다. 실 끝이 보이지 않게 정리합니다.

꼬리

(주황색 실로 시작, 원형뜨기 합니다)

1단 실고리로 원형코 만들기, 짧은뜨기 5 [5코]
2단 (늘리기) × 5 [10코]
3단 (짧은뜨기 1, 늘리기) × 5 [15코]
4단 (짧은뜨기 2, 늘리기) × 5 [20코]
5-8단 짧은뜨기 20 [20코]

실을 검은색으로 바꾸고, 계속해서 두 단은 검은색으로, 세 단은 주황색으로 스트라이프 패턴을 뜹니다.

9-18단 짧은뜨기 20 [20코]
19단 (짧은뜨기 8, 줄이기) × 2 [18코]
20-28단 짧은뜨기 18 [18코]
29단 (짧은뜨기 7, 줄이기) × 2 [16코]
30-38 짧은뜨기 16 [16코]
39단 (짧은뜨기 6, 줄이기) × 2 [14코]
40-43단 짧은뜨기 14 [14코]

바느질하기 위한 실을 길게 남겨 자르고, 마무리를 합니다.
꼬리에 솜을 채웁니다.
바지에 있는 구멍의 위치를 고려하여 꼬리를 몸통에 바느질하여 붙입니다.

가젤 오드리

오드리는 겉으론 상냥해 보이지만, 꽤나 공격적인 성격을 지녔어요.
만화가이자 일러스트레이터인데, 뿔 때문인지 인상적인 생김새 때문인지는 모르겠지만,
용이나 유니콘처럼 중세 시대 이야기나 신화 속에 나오는 동물 캐릭터를 좋아해요.
특히 아서 왕 이야기에 나오는 동물을 좋아하지요.
오드리는 애니메이션 시리즈를 직접 쓰고 제작하는 걸 계획하고 있어요.
또 누가 아나요. 영화도 두어 편 제작하게 될지도 모르죠.

난이도 ★

키
37cm(제시된 실로 떴을 때, 뿔 포함)

재료
- DK 또는 라이트 우스티드:
 황토색, 오프 화이트,
 슬레이트 그레이, 진회색,
 파스텔 핑크, 검은색 약간,
 연분홍색 약간
- 코바늘 2.75mm
- 검은색 나사형 인형눈(10mm)
- 솜

주의
머리와 몸통을 하나로 뜹니다.

주둥이

(오프 화이트색 실로 시작, 원형뜨기 합니다)
1단 실고리로 원형코 만들기, 짧은뜨기 6 [6코]
2단 (늘리기) × 6 [12코]
3단 (짧은뜨기 1, 늘리기) × 6 [18코]
4단 짧은뜨기 18 [18코]
계속해서 오프 화이트색과 황토색을 번갈아 배색하며 뜨는데, 각 줄의 앞에 색이 제시되어 있습니다.
5단 (오프 화이트) 짧은뜨기 6, (황토색) 짧은뜨기 6, (오프 화이트) 짧은뜨기 6 [18코]
6단 (오프 화이트) (짧은뜨기 2, 늘리기) × 2, (황토색) (짧은뜨기 2, 늘리기) × 2, (오프 화이트) (짧은뜨기 2, 늘리기) × 2 [24코]
7-8단 (오프 화이트) 짧은뜨기 8, (황토색) 짧은뜨기 8, (오프 화이트) 짧은뜨기 8 [24코]
9단 (오프 화이트) (짧은뜨기 3, 늘리기) × 2, (황토색) (짧은뜨기 3, 늘리기) × 2, (오프 화이트) (짧은뜨기 3, 늘리기) × 2 [30코]
10-11단 (오프 화이트) 짧은뜨기 10, (황토색) 짧은뜨기 10, (오프 화이트) 짧은뜨기 10 [30코]
바느질하기 위한 실을 길게 남겨 자르고, 마무리를 합니다.
검은색 실로 코와 입을 수놓습니다.
주둥이에 솜을 채웁니다.

머리와 몸통

(황토색 실로 시작, 원형뜨기 합니다)
1단 실고리로 원형코 만들기, 짧은뜨기 6 [6코]
2단 (늘리기) × 6 [12코]
3단 (짧은뜨기 1, 늘리기) × 6 [18코]
4단 (짧은뜨기 2, 늘리기) × 6 [24코]
5단 (짧은뜨기 3, 늘리기) × 6 [30코]
6단 (짧은뜨기 4, 늘리기) × 6 [36코]
7단 (짧은뜨기 5, 늘리기) × 6 [42코]
8단 (짧은뜨기 6, 늘리기) × 6 [48코]
9단 (짧은뜨기 7, 늘리기) × 6 [54코]
10단 (짧은뜨기 8, 늘리기) × 6 [60코]
11-14단 짧은뜨기 60 [60코]
계속해서 황토색과 오프 화이트색을 번갈아 배색하며 뜨는데, 각 줄의 앞에 색이 제시되어 있습니다.
15단 (황토색) 짧은뜨기 16, (오프 화이트) 짧은뜨기 4, (황토색) 짧은뜨기 20, (오프 화이트) 짧은뜨기 4, (황토색) 짧은뜨기 16 [60코]
16단 (황토색) 짧은뜨기 14, (오프 화이트) 짧은뜨기 8, (황토색) 짧은뜨기 16, (오프 화이트) 짧은뜨기 8, (황토색) 짧은뜨기 14 [60코]
17-19단 (황토색) 짧은뜨기 12, (오프 화이트) 짧은뜨기 12, (황토색) 짧은뜨기 12, (오프 화이트) 짧은뜨기 12, (황토색) 짧은뜨기 12 [60코]

20단 (황토색) 짧은뜨기 13, (오프 화이트) 짧은뜨기 10,
(황토색) 짧은뜨기 14, (오프 화이트) 짧은뜨기 10, (황토색) 짧은뜨기 13 [60코]
21단 (황토색) 짧은뜨기 14, (오프 화이트) 짧은뜨기 8, (황토색) 짧은뜨기 16,
(오프 화이트) 짧은뜨기 8, (황토색) 짧은뜨기 14 [60코]
계속해서 황토색으로 뜹니다.
22단 짧은뜨기 60 [60코]
23단 (짧은뜨기 3, 줄이기) × 12 [48코]
24단 (짧은뜨기 2, 줄이기) × 12 [36코]
25단 (짧은뜨기 4, 줄이기) × 6 [30코]
주둥이를 15-24단 사이에 바느질하여 붙입니다.
주둥이는 원형 단이 시작하는 곳과 반대쪽에 있어야 합니다.
18-19단 사이, 주둥이에서 양쪽으로 3코 정도 떨어진 곳에
나사형 인형 눈을 끼웁니다.
26단 (짧은뜨기 3, 줄이기) × 6 [24코]
27단 (짧은뜨기 2, 줄이기) × 6 [18코]
28단 짧은뜨기 18 [18코]
머리에 솜을 단단히 채웁니다.
실을 슬레이트 그레이색으로 바꿉니다.
29단 (짧은뜨기 2, 늘리기) × 6 [24코]
30단 (짧은뜨기 3, 늘리기) × 6 [30코]
31-33단 짧은뜨기 30 [30코]
34단 (짧은뜨기 4, 늘리기) × 6 [36코]
35-40단 짧은뜨기 36 [36코]
실을 황토색으로 바꿉니다.
41단 (이 단은 뒷고리만 뜹니다) 짧은뜨기 36 [36코]
42-46단 짧은뜨기 36 [36코]

다리

다리를 만들기 위해 코를 나눕니다. 다리 하나에 15코씩, 다리 사이 공간을 위해
앞뒤 3코씩으로 나눕니다(이때 스티치마커를 사용하면 편리합니다).
두 다리가 머리와 나란하지 않으면, 몸통에서 짧은뜨기를 몇 코 더 뜨거나
풀어 중심을 맞춥니다. 뒷면에 있는 다리의 마지막 코를 앞면에 짧은뜨기로
연결합니다(이 짧은뜨기는 다리의 첫 번째 코가 됩니다).
이제 첫 번째 다리의 코가 원형으로 연결되었습니다.
계속해서 첫 번째 다리를 뜹니다.
47-72단 짧은뜨기 15 [15코]
몸통과 다리에 솜을 단단히 채웁니다.
73단 (짧은뜨기 1, 줄이기) × 5 [10코]
74단 (줄이기) × 5 [5코]
실을 길게 남겨 자르고, 마무리를 합니다.
실 끝을 돗바늘에 꿰어 남은 각 코의 앞고리에 통과시킨 뒤,

단단히 잡아당겨서 구멍을 막습니다.
실 끝이 보이지 않게 정리합니다.

두 번째 다리

46단의 뒷면에서 뜨지 않은 네 번째 코에 황토색 실을 다시 연결합니다.
여기에서 두 번째 다리의 첫 번째 코를 시작합니다.
47단 짧은뜨기 15, 열다섯 번째 코에 다다르면, 첫 번째 코에서 짧은뜨기를
하여 원형으로 연결합니다. [15코]
48-74단 첫 번째 다리와 같은 방식으로 뜹니다.
두 번째 다리에 솜을 채우고 필요하면 몸통에 솜을 더 채웁니다.
돗바늘을 이용하여 다리 사이의 공간(앞, 뒤 3코)을 바느질하여 막습니다.

팔

(2개, 황토색, 원형뜨기 합니다)
1단 실고리로 원형코 만들기, 짧은뜨기 6 [6코]
2단 (늘리기) × 6 [12코]
3-4단 짧은뜨기 12 [12코]
5단 짧은뜨기 1, 한길긴뜨기 5코 구슬뜨기 1, 짧은뜨기 10 [12코]
6-20단 짧은뜨기 12 [12코]
21단 (짧은뜨기 1, 줄이기) × 4 [8코]
바느질하기 위한 실을 길게 남겨 자르고, 마무리를 합니다. 팔에 솜을 채웁니다.
팔을 몸통의 양 옆, 30-31단 사이에 바느질하여 붙입니다.

겉귀

(2개, 황토색, 원형뜨기 합니다)

1단 실고리로 원형코 만들기, 짧은뜨기 5 [5코]
2단 짧은뜨기 5 [5코]
3단 (늘리기) × 5 [10코]
4단 짧은뜨기 10 [10코]
5단 (짧은뜨기 1, 늘리기) × 5 [15코]
6단 짧은뜨기 15 [15코]
7단 (짧은뜨기 2, 늘리기) × 5 [20코]
8단 짧은뜨기 20 [20코]
9단 (짧은뜨기 3, 늘리기) × 5 [25코]
10-17단 짧은뜨기 25 [25코]
18단 (짧은뜨기 3, 줄이기) × 5 [20코]
19-20단 짧은뜨기 20 [20코]

바느질하기 위한 실을 길게 남겨 자르고, 마무리를 합니다.
귀에는 솜을 채우지 않습니다.

속귀

(2개, 오프 화이트색)

사슬 13코를 만듭니다. 기초사슬코의 양쪽에서 뜨고 원형뜨기 합니다.

1단 바늘에서 두 번째 사슬부터 시작, 늘리기, 짧은뜨기 10, 마지막 사슬에 짧은뜨기 3, 이어서 기초사슬코의 맞은편 고리에 뜹니다.
짧은뜨기 11 [26코]
2단 (늘리기) × 2, 짧은뜨기 10, (늘리기) × 3, 짧은뜨기 10, 늘리기 [32코]

다음 코에 빼뜨기를 합니다. 바느질하기 위한 실을 길게 남겨 자르고, 마무리를 합니다.
속귀를 겉귀의 안쪽 가운데에 바느질하여 붙입니다. 귀를 편평하게 펴고, 머리에 바느질하여 붙입니다.

뿔

(2개, 진회색, 원형뜨기 합니다)

1단 실고리로 원형코 만들기, 짧은뜨기 5 [5코]
2단 짧은뜨기 5 [5코]
3단 (늘리기) × 5 [10코]
4-20단 짧은뜨기 10 [10코]

실을 길게 남겨 자르고 마무리를 합니다. 뿔 안에 솜을 조금 채운 뒤 머리에 바느질하여 붙입니다.

꼬리

(황토색, 원형뜨기 합니다)

1단 실고리로 원형코 만들기, 짧은뜨기 5 [5코]
2단 짧은뜨기 5 [5코]
3단 (늘리기) × 5 [10코]

바느질하기 위한 실을 길게 남겨 자르고, 마무리를 합니다.
꼬리에는 솜을 채우지 않아도 됩니다. 꼬리를 몸통 뒷면 중앙, 43단에 바느질하여 붙입니다.

스커트

(파스텔 핑크색, 원형뜨기 합니다)

사슬 42코를 만듭니다. 사슬코가 꼬이지 않도록 주의해서 잡고, 코바늘을 첫 번째 사슬코에 넣고 빼뜨기를 하여 기초사슬코를 연결합니다.
계속해서 나선형 뜨기를 합니다.

1단 짧은뜨기 42 [42코]
2단 (짧은뜨기 6, 늘리기) × 6 [48코]
3단 (짧은뜨기 7, 늘리기) × 6 [54코]
4단 (짧은뜨기 8, 늘리기) × 6 [60코]
5-8단 짧은뜨기 60 [60코]
9단 빼뜨기 60 [60코]

실을 자르고 마무리를 합니다. 실 끝이 보이지 않게 정리합니다.

허리띠

(연분홍색)

1단의 첫 번째 코에 연분홍색 실을 연결합니다.

1단 짧은뜨기 42 [42코]
2단 빼뜨기 42 [42코]

실을 자르고 마무리를 합니다. 실 끝이 보이지 않게 정리합니다.

늑대 해리

해리는 자기만의 패션과 음악 세계를 가진 '힙스터'예요.
본인 말로는 어릴 때부터 패션 감각이 남달랐고 잘생겼었다네요.
또 어릴 때부터 음악을 정말 좋아했는데, 시대와 국적, 장르를 가리지 않는대요.
해리는 평생 음악을 배우고 작곡을 했죠. 지금은 아코디언과 백파이프 연주를 배우고 있어요.
그 악기들이 제일 기발하고 독특한 것 같아 매력을 느낀대요.
그러고 보면 해리는 진짜 힙스터인가 봐요.

난이도 ★

키
33cm(제시된 실로 떴을 때, 귀 포함)

재료
- DK 또는 라이트 우스티드:
  애시 그레이, 오프 화이트,
  황토색, 갈색, 담청색, 파스텔
  핑크 약간, 검은색 약간
- 코바늘 2.75mm
- 검은색 나사형 인형 눈(10mm)
- 솜

주의
머리와 몸통을 하나로 뜹니다.

주둥이

(오프 화이트색 실로 시작, 원형뜨기 합니다)

1단 실고리로 원형코 만들기, 짧은뜨기 6 [6코]
2단 (늘리기) × 6 [12코]
3단 (짧은뜨기 1, 늘리기) × 6 [18코]
계속해서 오프 화이트색과 애시 그레이색을 번갈아 배색하며 뜨는데, 각 줄의 앞에 색이 제시되어 있습니다.
4-5단 (오프 화이트) 짧은뜨기 6, (애시 그레이) 짧은뜨기 6, (오프 화이트) 짧은뜨기 6 [18코]
6단 (오프 화이트) (짧은뜨기 2, 늘리기) × 2, (애시 그레이) (짧은뜨기 2, 늘리기) × 2, (오프 화이트) (짧은뜨기 2, 늘리기) × 2 [24코]
7-9단 (오프 화이트) 짧은뜨기 8, (애시 그레이) 짧은뜨기 8, (오프 화이트) 짧은뜨기 8 [24코]
바느질하기 위한 실을 길게 남겨 자르고, 마무리를 합니다.
검은색 실로 코와 입을 수놓습니다. 주둥이에 솜을 채웁니다.

머리와 몸통

(애시 그레이색 실로 시작, 원형뜨기 합니다)

1단 실고리로 원형코 만들기, 짧은뜨기 6 [6코]
2단 (늘리기) × 6 [12코]
3단 (짧은뜨기 1, 늘리기) × 6 [18코]
4단 (짧은뜨기 2, 늘리기) × 6 [24코]
5단 (짧은뜨기 3, 늘리기) × 6 [30코]
6단 (짧은뜨기 4, 늘리기) × 6 [36코]
7단 (짧은뜨기 5, 늘리기) × 6 [42코]
8단 (짧은뜨기 6, 늘리기) × 6 [48코]
9단 (짧은뜨기 7, 늘리기) × 6 [54코]
10단 짧은뜨기 54 [54코]
계속해서 애시 그레이색과 오프 화이트색 실을 번갈아 배색하며 뜨는데, 각 줄의 앞에 색이 제시되어 있습니다.
11단 (애시 그레이) 짧은뜨기 13, (오프 화이트) 짧은뜨기 6, (애시 그레이) 짧은뜨기 16, (오프 화이트) 짧은뜨기 6, (애시 그레이) 짧은뜨기 13 [54코]
12단 (애시 그레이) 짧은뜨기 12, (오프 화이트) 짧은뜨기 9, (애시 그레이) 짧은뜨기 12, (오프 화이트) 짧은뜨기 9, (애시 그레이) 짧은뜨기 12 [54코]
13단 (애시 그레이) 짧은뜨기 11, (오프 화이트) 짧은뜨기 11, (애시 그레이) 짧은뜨기 10,

(오프 화이트) 짧은뜨기 11, (애시 그레이) 짧은뜨기 11 [54코]
14-16단　(애시 그레이) 짧은뜨기 10,
(오프 화이트) 짧은뜨기 14, (애시 그레이) 짧은뜨기 6,
(오프 화이트) 짧은뜨기 14, (애시 그레이) 짧은뜨기 10 [54코]
계속해서 오프 화이트색으로 뜹니다.
17단　짧은뜨기 7, (늘리기) × 7, 짧은뜨기 26, (늘리기) × 7,
짧은뜨기 7 [68코]

26단　(짧은뜨기 2, 줄이기) × 6 [18코]
27단　짧은뜨기 18 [18코]
머리에 솜을 채웁니다. 실을 황토색으로 바꿉니다.
28단　(짧은뜨기 2, 늘리기) × 6 [24코]
29단　(짧은뜨기 3, 늘리기) × 6 [30코]
30-32단　짧은뜨기 30 [30코]
33단　(짧은뜨기 4, 늘리기) × 6 [36코]
34-37단　짧은뜨기 36 [36코]
실을 애시 그레이색으로 바꿉니다.
38단　(이 단은 뒷고리만 뜹니다) 짧은뜨기 36 [36코]
39-43단　짧은뜨기 36 [36코]

18단　짧은뜨기 8, (늘리기, 짧은뜨기 3) × 3, 늘리기,
짧은뜨기 27, (늘리기, 짧은뜨기 3) × 3, 늘리기, 짧은뜨기 7 [76코]
19단　짧은뜨기 8, (줄이기, 짧은뜨기 3) × 3, 줄이기,
짧은뜨기 27, (줄이기, 짧은뜨기 3) × 3, 줄이기, 짧은뜨기 7 [68코]
20단　짧은뜨기 7, (줄이기) × 7, 짧은뜨기 26, (줄이기) × 7,
짧은뜨기 7 [54코]
21단　(짧은뜨기 7, 줄이기) × 6 [48코]
22단　(짧은뜨기 6, 줄이기) × 6 [42코]
23단　(짧은뜨기 5, 줄이기) × 6 [36코]
주둥이를 14-21단 사이에 바느질하여 붙입니다. 16-17단 사이, 주둥이에서
양쪽으로 3코 정도 떨어진 곳에 나사형 인형 눈을 끼웁니다.
24단　(짧은뜨기 4, 줄이기) × 6 [30코]
25단　(짧은뜨기 3, 줄이기) × 6 [24코]

다리

다리를 만들기 위해 코를 나눕니다. 다리 하나에 16코씩, 다리 사이 공간을 위해 앞뒤
2코씩으로 나눕니다(이때 스티치마커를 사용하면 편리합니다). 두 다리가 머리와
나란하지 않으면, 몸통에서 짧은뜨기를 몇 코 더 뜨거나 풀어 중심을 맞춥니다.
뒷면에 있는 다리의 마지막 코를 앞면에 짧은뜨기로 연결합니다(이 짧은뜨기는
다리의 첫 번째 코가 됩니다). 이제 첫 번째 다리의 코가 원형으로 연결되었습니다.
계속해서 첫 번째 다리를 뜹니다.
44-67단　짧은뜨기 16 [16코]
몸통과 다리에 솜을 단단히 채웁니다.
68단　(짧은뜨기 2, 줄이기) × 4 [12코]
69단　(줄이기) × 6 [6코]
실을 길게 남겨 자르고, 마무리를 합니다. 실 끝을 돗바늘에 꿰어 남은 각 코의
앞고리에 통과시킨 뒤, 단단히 잡아당겨 구멍을 막습니다. 실 끝이 보이지 않게
정리합니다.

두 번째 다리

43단의 뒷면에서 뜨지 않은 세 번째 코에 애시 그레이색 실을 다시 연결합니다.
여기에서 두 번째 다리의 첫 번째 코를 시작합니다.
44단　짧은뜨기 16, 열여섯 번째 코에 다다르면, 첫 번째 코에 짧은뜨기를 하여
원형으로 연결합니다. [16코]
45-69단　첫 번째 다리와 같은 방식으로 뜹니다.
두 번째 다리에 솜을 채우고 필요하면 몸통에 솜을 더 채웁니다. 돗바늘을 이용하여
다리 사이의 공간(앞, 뒤 2코)을 바느질하여 막습니다.

팔

(2개, 애시 그레이색 실로 시작, 원형뜨기 합니다)
1단 실고리로 원형코 만들기, 짧은뜨기 6 [6코]
2단 (늘리기) × 6 [12코]
3-4단 짧은뜨기 12 [12코]
5단 짧은뜨기 1, 한길긴뜨기 5코 구슬뜨기 1, 짧은뜨기 10 [12코]
6-16단 짧은뜨기 12 [12코]
실을 황토색으로 바꿉니다.
17-20단 짧은뜨기 12 [12코]
21단 (짧은뜨기 1, 줄이기) × 4 [8코]
바느질하기 위한 실을 길게 남겨 자르고, 마무리를 합니다. 팔에 솜을 채웁니다.
팔을 몸통의 양 옆, 28-29단 사이에 바느질하여 붙입니다.

귀

(2개, 애시 그레이색, 원형뜨기 합니다)
1단 실고리로 원형코 만들기, 짧은뜨기 6 [6코]
2단 짧은뜨기 6 [6코]
3단 (늘리기) × 6 [12코]
4단 짧은뜨기 12 [12코]
5단 (짧은뜨기 1, 늘리기) × 6 [18코]
6-12단 짧은뜨기 18 [18코]
바느질하기 위한 실을 길게 남겨 자르고, 마무리를 합니다.
오프 화이트색으로 줄무늬를 수놓습니다. 편평하게 펴서 머리에 바느질하여 붙입니다.

꼬리

(애시 그레이색, 원형뜨기 합니다)
1단 실고리로 원형코 만들기, 짧은뜨기 6 [6코]
2단 짧은뜨기 6 [6코]
3단 (늘리기) × 6 [12코]
4단 짧은뜨기 12 [12코]
5단 (짧은뜨기 1, 늘리기) × 6 [18코]
6단 짧은뜨기 18 [18코]
7단 (짧은뜨기 2, 늘리기) × 6 [24코]
8단 짧은뜨기 24 [24코]
9단 (짧은뜨기 3, 늘리기) × 6 [30코]
10-15단 짧은뜨기 30 [30코]
16단 (짧은뜨기 4, 줄이기) × 5 [25코]
17-18단 짧은뜨기 25 [25코]
19단 (짧은뜨기 3, 줄이기) × 5 [20코]
20-21단 짧은뜨기 20 [20코]
22단 (짧은뜨기 2, 줄이기) × 5 [15코]
23-24단 짧은뜨기 15 [15코]
25단 (짧은뜨기 1, 줄이기) × 5 [10코]
26-29단 짧은뜨기 10 [10코]
바느질하기 위한 실을 길게 남겨 자르고, 마무리를 합니다.
꼬리에 솜을 채웁니다.
꼬리를 몸통 뒷면 중앙, 40단에 바느질하여 붙입니다.

볼

(2개, 파스텔 핑크색, 원형뜨기 합니다)
1단 실고리로 원형코 만들기, 짧은뜨기 8 [8코]
바느질하기 위한 실을 길게 남겨 자르고, 마무리를 합니다.
볼을 머리에 바느질하여 붙입니다.

목도리

(갈색, 원형뜨기 합니다)
사슬 40코를 만듭니다. 사슬코가 꼬이지 않도록 주의해서 잡고, 코바늘을
첫 번째 사슬코에 넣고 빼뜨기를 하여 기초사슬코를 연결합니다.
계속해서 나선형 뜨기를 합니다.
1-10단 긴뜨기 40 [40코]
실을 자르고 마무리를 합니다. 실 끝이 보이지 않게 정리합니다.

벙어리 장갑

(2개, 담청색, 원형뜨기 합니다)
1단 실고리로 원형코 만들기, 짧은뜨기 8 [8코]
2단 (늘리기) × 8 [16코]
3-4단 짧은뜨기 16 [16코]
5단 짧은뜨기 1, 한길긴뜨기 6코 구슬뜨기 1, 짧은뜨기 14 [16코]
6-7단 짧은뜨기 16 [16코]
8단 (짧은 앞걸어뜨기 1, 짧은 뒤걸어뜨기 1) × 8 [16코]
실을 자르고 마무리를 합니다. 실 끝이 보이지 않게 정리합니다.

코뿔소 헥터

헥터는 마치 휴가 중인 것처럼 생활해요. 그도 관광객처럼 보이길 바라는 것 같고요.
관광객처럼 꽃무늬 티셔츠와 반바지를 입고, 수영장 옆에서 더위를 식히다 날아가는 새를
한참을 바라보는 게 그의 생활이지요. 어릴 때는 사바나의 동물을 구경하며 몇 시간씩 보냈다고 해요.
사실 헥터는 동물들의 서식지에서 그들의 행동을 연구하는 동물행동학자예요.
여러 시간 동안 가만히 보다가 관광객처럼 스쳐 지나가는 것이 동물행동학자에게 필요한 능력인가 봐요.

난이도 ★★

키
34cm(제시된 실로 떴을 때,
귀 포함)

재료
- DK 또는 라이트 우스티드:
  회색, 오프 화이트, 흰색,
  노란색, 녹색, 담청색,
  분홍색 약간, 갈색 약간,
  아보카도 그린 약간
- 코바늘 2.75mm
- 검은색 나사형 인형 눈(8mm)
- 솜

주의
머리와 몸통을 하나로 뜹니다.

머리와 몸통

참고 속옷은 119쪽 도안을 따라 자카드 무늬 기법으로
만듭니다. 이 기법에 자신이 없으면, 단색으로 떠도 됩니다.

(회색 실로 시작, 원형뜨기 합니다)
1단 실고리로 원형코 만들기, 짧은뜨기 6 [6코]
2단 (늘리기) × 6 [12코]
3단 (짧은뜨기 1, 늘리기) × 6 [18코]
4단 (짧은뜨기 2, 늘리기) × 6 [24코]
5단 사슬 13, 다음에 만들 코에 스티치마커를 끼웁니다.
이곳이 각 단의 시작점이 됩니다.
사슬코에 뜹니다. 바늘에서 두 번째 사슬부터 시작,
늘리기(늘리기 첫코에 스티치마커), 짧은뜨기 11,
기초사슬코가 시작된 코에 짧은뜨기 1, 이어서 머리에 뜹니다.
짧은뜨기 24, 이어서 기초사슬코의 맞은편 고리에서 뜹니다.
짧은뜨기 11, 늘리기 [51코] (117쪽 사진 참조)
6단 (늘리기) × 2, 짧은뜨기 47, (늘리기) × 2 [55코]
7단 (짧은뜨기 4, 늘리기) × 11 [66코]
8단 짧은뜨기 66 [66코]
9단 (짧은뜨기 5, 늘리기) × 11 [77코]
10-20단 짧은뜨기 77 [77코]
21단 (짧은뜨기 3, 줄이기) × 3, 짧은뜨기 45,
(줄이기, 짧은뜨기 3) × 3, 줄이기 [70코]
22단 (짧은뜨기 2, 줄이기) × 2, 짧은뜨기 54,
(줄이기, 짧은뜨기 2) × 2 [66코]
23단 (짧은뜨기 9, 줄이기) × 6 [60코]
24단 (짧은뜨기 1, 줄이기) × 3, 짧은뜨기 42,
(줄이기, 짧은뜨기 1) × 3 [54코]
25단 (짧은뜨기 1, 줄이기) × 3, 짧은뜨기 36,
(줄이기, 짧은뜨기 1) × 3 [48코]
26단 (짧은뜨기 6, 줄이기) × 6 [42코]
16-17단 사이에 44코의 간격을 두고 나사형 인형 눈을
끼웁니다.
27단 (짧은뜨기 2, 줄이기) × 3, 짧은뜨기 18,
(줄이기, 짧은뜨기 2) × 3 [36코]
28단 (짧은뜨기 4, 줄이기) × 6 [30코]
29단 짧은뜨기 15 [15코]
단이 끝나지 않았지만 다음 코에 스티치마커를
끼웁니다. 이곳이 새로운 단의 시작점이 됩니다(코뿔소
머리의 뒷면).
30단 짧은뜨기 30 [30코]
실을 오프 화이트색으로 바꿉니다.
31단 (짧은뜨기 4, 늘리기) × 6 [36코]
32단 (짧은뜨기 5, 늘리기) × 6 [42코]
33-37단 짧은뜨기 42 [42코]
38단 (짧은뜨기 6, 늘리기) × 6 [48코]
39-43단 짧은뜨기 48 [48코]
44단 (짧은뜨기 7, 늘리기) × 6 [54코]
티셔츠의 장식을 수놓습니다.
실을 노란색으로 바꿉니다.
45단 (이 단은 뒷고리만 뜹니다) 짧은뜨기 54 [54코]
계속해서 노란색과 담청색 실로 배색하며 자카드

무늬를 뜹니다(119쪽 도안 참조).

46-47단 짧은뜨기 54 [54코]

48단 (짧은뜨기 8, 늘리기) × 6 [60코]

49-51단 짧은뜨기 60 [60코]

52단 (짧은뜨기 8, 줄이기) × 6 [54코]

53단 짧은뜨기 54 [54코]

54단 (짧은뜨기 7, 줄이기) × 6 [48코]

55단 짧은뜨기 48 [48코]

다리

다리를 만들기 위해 코를 나눕니다. 다리 하나에 21코씩, 다리 사이 공간을 위해 앞뒤 3코씩으로 나눕니다(이때 스티치마커를 사용하면 편리합니다).
두 다리가 머리와 나란하지 않으면, 몸통에서 짧은뜨기를 몇 코 더 뜨거나 풀어 중심을 맞춥니다.
뒷면에 있는 다리의 마지막 코를 앞면에 짧은뜨기로 연결합니다(이 짧은뜨기는 다리의 첫 번째 코가 됩니다). 이제 첫 번째 다리의 코가 원형으로 연결되었습니다. 계속해서 첫 번째 다리를 뜹니다.

56단 짧은뜨기 21 [21코]

실을 회색으로 바꿉니다.

57단 (이 단은 뒷고리만 뜹니다) 짧은뜨기 21 [21코]

58-72단 짧은뜨기 21 [21코]

몸통과 다리에 솜을 단단히 채웁니다.

73단 (짧은뜨기 1, 줄이기) × 7 [14코]

74단 (줄이기) × 7 [7코]

실을 길게 남겨 자르고, 마무리를 합니다. 실 끝을 돗바늘에 꿰어 남은 각 코의 앞고리에 통과시킨 뒤, 단단히 잡아당겨서 구멍을 막습니다. 실 끝이 보이지 않게 정리합니다.

두 번째 다리

55단의 뒷면에서 뜨지 않은 네 번째 코에 노란색 실을 다시 연결합니다. 여기에서 두 번째 다리의 첫 번째 코를 시작합니다.

56단 짧은뜨기 21, 스물한 번째 코에 다다르면, 첫 번째 코에 짧은뜨기를 하여 원형으로 연결합니다. [21코]

실을 회색으로 바꿉니다.

57-74단 첫 번째 다리와 같은 방식으로 뜹니다.

필요하면 솜을 더 채웁니다. 돗바늘을 이용하여 다리 사이의 공간(앞, 뒤 3코)을 바느질하여 막습니다.

큰 뿔

(회색, 원형뜨기 합니다)

1단 실고리로 원형코 만들기, 짧은뜨기 5 [5코]

2단 짧은뜨기 5 [5코]

3단 (늘리기) × 5 [10코]

4-5단 짧은뜨기 10 [10코]

6단 (짧은뜨기 1, 늘리기) × 5 [15코]

7-8단 짧은뜨기 15 [15코]

9단 (짧은뜨기 2, 늘리기) × 5 [20코]

10-11단 짧은뜨기 20 [20코]

12단 (짧은뜨기 3, 늘리기) × 5 [25코]

13-14단 짧은뜨기 25 [25코]

15단 (짧은뜨기 4, 늘리기) × 5 [30코]

16단 짧은뜨기 30 [30코]

실을 길게 남겨 자르고 마무리를 합니다. 뿔 안에 솜을 채운 뒤 코끝에 바느질하여 붙입니다.

작은 뿔

(회색, 원형뜨기 합니다)

1단 실고리로 원형코 만들기, 짧은뜨기 5 [5코]

2단 짧은뜨기 5 [5코]

3단 (늘리기) × 5 [10코]

4단 짧은뜨기 10 [10코]

5단 (짧은뜨기 1, 늘리기) × 5 [15코]

6-7단 짧은뜨기 15 [15코]

실을 길게 남겨 자르고 마무리를 합니다.
뿔 안에 솜을 채운 뒤 콧등에 바느질하여 붙입니다.

귀

(2개, 회색, 원형뜨기 합니다)

- **1단** 실고리로 원형코 만들기, 짧은뜨기 5 [5코]
- **2단** (늘리기) × 5 [10코]
- **3단** (짧은뜨기 1, 늘리기) × 5 [15코]
- **4-8단** 짧은뜨기 15 [15코]

바느질하기 위한 실을 길게 남겨 자르고, 마무리를 합니다. 귀에는 솜을 채우지 않아도 됩니다.
편평하게 펴고 머리의 꼭대기, 3-5단 사이에 바느질하여 붙입니다.

팔

(2개, 회색 실로 시작, 원형뜨기 합니다)

- **1단** 실고리로 원형코 만들기, 짧은뜨기 5 [5코]
- **2단** (늘리기) × 5 [10코]
- **3단** (짧은뜨기 1, 늘리기) × 5 [15코]
- **4단** 짧은뜨기 15 [15단]
- **5단** 짧은뜨기 1, 한길긴뜨기 5코 구슬뜨기 1, 짧은뜨기 13 [15코]
- **6-16단** 짧은뜨기 15 [15코]

실을 오프 화이트색으로 바꿉니다.

- **17-21단** 짧은뜨기 15 [15코]
- **22단** (짧은뜨기 1, 줄이기) × 5 [10코]

바느질하기 위한 실을 길게 남겨 자르고, 마무리를 합니다. 팔에 솜을 채웁니다.
티셔츠 소매의 장식을 수놓습니다.
팔을 몸통의 양 옆, 31-32단 사이에 바느질하여 붙입니다.

바지

(흰색 실로 시작, 원형뜨기 합니다)

사슬 54코를 만듭니다. 사슬코가 꼬이지 않도록 주의해서 잡고, 코바늘을 첫 번째 사슬코에 넣고 빼뜨기를 하여 기초사슬코를 연결합니다. 계속해서 나선형 뜨기를 하는데, 매 단마다 흰색과 녹색을 번갈아 배색하며 스트라이프 패턴을 뜹니다.

- **1-4단** 짧은뜨기 54 [54코]
- **5단** (짧은뜨기 8, 늘리기) × 6 [60코]
- **6-14단** 짧은뜨기 60 [60코]

바지 다리

바지 다리를 만들기 위해 코를 나눕니다.
두 다리 사이의 가운데 앞 공간을 위해 3코, 뒤를 위해 3코, 바지 다리 하나에 27코씩으로 나눕니다(이때 스티치마커를 사용하면 편리합니다). 뒷면에 있는 바지 다리의 마지막 코를 앞면에 짧은뜨기로 연결합니다(이 짧은뜨기는 바지 다리의 첫 번째 코가 됩니다). 이제 첫 번째 바지 다리의 코가 원형으로 연결되었습니다.
계속해서 매 단마다 흰색과 녹색을 번갈아 배색하며 첫 번째 바지 다리를 뜹니다.

- **15-21단** 짧은뜨기 27 [27코]
- **22단** 빼뜨기 27 [27코]

실을 자르고 마무리를 합니다. 실 끝이 보이지 않게 정리합니다.

두 번째 바지 다리

14단의 뒷면에서 뜨지 않은 네 번째 코에 흰색 실을 다시 연결합니다.
여기에서 두 번째 바지 다리의 첫 번째 코를 시작합니다.

- **15-22단** 첫 번째 다리와 같은 방식으로 뜹니다.

실을 자르고 마무리를 합니다. 실 끝이 보이지 않게 정리합니다.
돗바늘을 이용하여 두 다리 사이의 앞뒤 공간(앞, 뒤 3코)을 바느질하여 막습니다.

허리띠

(노란색)

1단의 첫 번째 코에 노란색 실을 연결합니다.

- **1-2단** 짧은뜨기 54 [54코]
- **3단** 빼뜨기 54 [54코]

실을 자르고 마무리를 합니다. 실 끝이 보이지 않게 정리합니다.

볼

(2개, 분홍색, 원형뜨기 합니다)

- **1단** 실고리로 원형코 만들기, 짧은뜨기 5 [5코]
- **2단** (늘리기) × 5 [10코]

바느질하기 위한 실을 길게 남겨 자르고, 마무리를 합니다.
볼을 머리에 바느질하여 붙입니다.

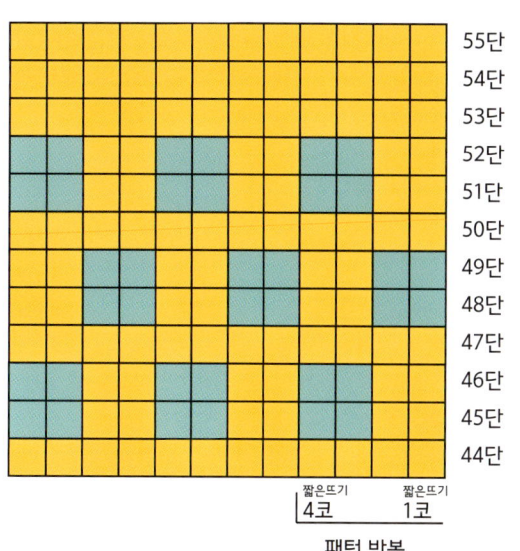

짧은뜨기 4코	짧은뜨기 1코
패턴 반복	

딱따구리 찰스

찰스는 장난감 갖고 놀 나이가 한참 지날 때까지 장난감을 좋아했어요.
장난감 제작자가 된 것은 어찌 보면 그에게 자연스러운 일이었죠.
가족이 건축업에 종사하기 때문에 장난감 재료는 쉽게 구할 수 있었어요.
찰스는 책을 보며 혼자서 기술을 익혀 장난감을 만들었지요.
인형의 집도 만들고, 그 안에 들어갈 작은 가구, 기차 등도 정교하게 만들었어요.
요즘에는 기계 장난감과 작은 로봇 만드는 법을 배우는 중이라 정말 들떠 있지요.
여러분도 책을 보면 새로운 것을 언제나 배울 수 있답니다.

난이도 ★★

키
21.5cm(제시된 실로 떴을 때, 볏 포함)

재료
- DK 또는 라이트 우스티드:
  빨간색, 오프 화이트, 파란색, 담청색, 파스텔 핑크 약간
- 코바늘 2.75mm
- 검은색 나사형 인형 눈(10mm)
- 솜

주의
머리와 몸통을 하나로 뜹니다.

부리

(파란색, 원형뜨기 합니다)
- **1단** 실고리로 원형코 만들기, 짧은뜨기 5 [5코]
- **2단** 짧은뜨기 5 [5코]
- **3단** (짧은뜨기 1, 늘리기) × 2, 짧은뜨기 1 [7코]
- **4단** 짧은뜨기 7 [7코]
- **5단** (짧은뜨기 2, 늘리기) × 2, 짧은뜨기 1 [9코]
- **6단** 짧은뜨기 9 [9코]
- **7단** (짧은뜨기 3, 늘리기) × 2, 짧은뜨기 1 [11코]
- **8-9단** 짧은뜨기 11 [11코]

바느질하기 위한 실을 길게 남겨 자르고, 마무리를 합니다. 부리에 솜을 약간 채웁니다.

머리와 몸통

(빨간색 실로 시작, 원형뜨기 합니다)
- **1단** 실고리로 원형코 만들기, 짧은뜨기 6 [6코]
- **2단** (늘리기) × 6 [12코]
- **3단** (짧은뜨기 1, 늘리기) × 6 [18코]
- **4단** (짧은뜨기 2, 늘리기) × 6 [24코]
- **5단** (짧은뜨기 3, 늘리기) × 6 [30코]
- **6단** (짧은뜨기 4, 늘리기) × 6 [36코]
- **7단** (짧은뜨기 5, 늘리기) × 6 [42코]

8단 (짧은뜨기 6, 늘리기) × 6 [48코]
9-10단 짧은뜨기 48 [48코]

계속해서 빨간색과 오프 화이트색을 번갈아 배색하며 뜨는데,
각 줄의 앞에 색이 제시되어 있습니다.

11단 (빨간색) 짧은뜨기 10, (오프 화이트) 짧은뜨기 8, (빨간색) 짧은뜨기 12, (오프 화이트) 짧은뜨기 8, (빨간색) 짧은뜨기 10 [48코]
12단 (빨간색) 짧은뜨기 9, (오프 화이트) 짧은뜨기 10, (빨간색) 짧은뜨기 10, (오프 화이트) 짧은뜨기 10, (빨간색) 짧은뜨기 9 [48코]
13단 (빨간색) 짧은뜨기 9, (오프 화이트) 짧은뜨기 11, (빨간색) 짧은뜨기 8, (오프 화이트) 짧은뜨기 11, (빨간색) 짧은뜨기 9 [48코]
14단 (빨간색) 짧은뜨기 9, (오프 화이트) 짧은뜨기 12, (빨간색) 짧은뜨기 6, (오프 화이트) 짧은뜨기 12, (빨간색) 짧은뜨기 9 [48코]
15단 (빨간색) 짧은뜨기 9, (오프 화이트) 짧은뜨기 13, (빨간색) 짧은뜨기 4, (오프 화이트) 짧은뜨기 13, (빨간색) 짧은뜨기 9 [48코]
16단 (빨간색) 짧은뜨기 9, (오프 화이트) 짧은뜨기 30, (빨간색) 짧은뜨기 9 [48코]

빨간색 실을 자르고, 계속해서 지시대로 오프 화이트색과 파란색, 담청색으로 뜹니다.

17단 (파란색) 짧은뜨기 9, (담청색) 짧은뜨기 9, (오프 화이트) 짧은뜨기 12, (담청색) 짧은뜨기 9, (파란색) 짧은뜨기9 [48코]
18단 (파란색) 짧은뜨기 9, (담청색) 짧은뜨기 10, (오프 화이트) 짧은뜨기 10, (담청색) 짧은뜨기 10, (파란색) 짧은뜨기9 [48코]
19단 (파란색) 짧은뜨기 9, (담청색) 짧은뜨기 11, (오프 화이트) 짧은뜨기 8, (담청색) 짧은뜨기 11, (파란색) 짧은뜨기9 [48코]

부리를 13-16단 사이에 바느질하여 붙입니다. 13-14단 사이, 부리에서 양쪽으로 5코 정도 떨어진 곳에 나사형 인형 눈을 끼웁니다. 오프 화이트 실을 자릅니다.

20-26단 (파란색) 짧은뜨기 9, (담청색) 짧은뜨기 30, (파란색) 짧은뜨기 9 [48코]
27단 사슬 7, 이때 배색부분의 중심과 사슬코 시작 분분이 맞지 않으면, 몸통에서 짧은뜨기를 몇 코 더 뜨거나 풀어 중심을 맞춥니다. 다음에 만들 코에 스티치마커를 끼웁니다. 이곳이 각 단의 시작점이 됩니다.
사슬코에 뜹니다. 바늘에서 두 번째 사슬부터 시작, 늘리기(늘리기 첫코에 스티치마커), 짧은뜨기 5, 기초사슬코가 시작된 코에 짧은뜨기 1, 이어서 몸통에 뜹니다. 짧은뜨기 48(이전 단처럼 파란색과 담청색을 번갈아 배색하며 뜹니다), 이어서 기초사슬코의 맞은편 고리에서 뜹니다.
짧은뜨기 5, 늘리기 [63코]
계속해서 파란색과 담청색을 번갈아 배색하며 뜹니다.
28단 (늘리기) × 2, 짧은뜨기 59, (늘리기) × 2 [67코]
29-30단 짧은뜨기 67 [67코]
31단 짧은뜨기 3, 줄이기, 짧은뜨기 57, 줄이기, 짧은뜨기 3 [65코]
32단 짧은뜨기 65코 [65코]
33단 짧은뜨기 3, 줄이기, 짧은뜨기 20, 줄이기, 짧은뜨기 10, 줄이기, 짧은뜨기 21, 줄이기, 짧은뜨기 3 [61코]
34단 짧은뜨기 24, 줄이기, 짧은뜨기 10, 줄이기, 짧은뜨기 23 [59코]
35단 짧은뜨기 3, 줄이기, 짧은뜨기 19, 줄이기, 짧은뜨기 10, 줄이기, 짧은뜨기 16, 줄이기, 짧은뜨기 3 [55코]
36단 짧은뜨기 23, 줄이기, 짧은뜨기 10, 줄이기, 짧은뜨기 18 [53코]
37단 짧은뜨기 3, 줄이기, 짧은뜨기 22, 줄이기, 짧은뜨기 19, 줄이기, 짧은뜨기 3 [50코]
38단 짧은뜨기 3, 줄이기, 짧은뜨기 40, 줄이기, 짧은뜨기 3 [48코]
39단 (짧은뜨기 6, 줄이기) × 6 [42코]

몸통에 솜을 단단히 채웁니다.

40단 (짧은뜨기 5, 줄이기) × 6 [36코]
41단 (짧은뜨기 4, 줄이기) × 6 [30코]
42단 (짧은뜨기 3, 줄이기) × 6 [24코]
43단 (짧은뜨기 2, 줄이기) × 6 [18코]
44단 (짧은뜨기 1, 줄이기) × 6 [12코]
45단 (줄이기) × 6 [6코]

실을 길게 남겨 자르고, 마무리를 합니다. 필요하면 솜을 더 채웁니다.
실 끝을 돗바늘에 꿰어 남은 각 코의 앞고리에 통과시킨 뒤, 단단히 잡아당겨 구멍을 막습니다.
실 끝이 보이지 않게 정리합니다.
파스텔 핑크색 실로 가슴의 V자와 눈 밑의 가로선을 수놓습니다.

날개

(2개, 파란색 실로 시작, 원형뜨기 합니다)

파란색과 오프 화이트색으로 두 단씩 번갈아 배색하며
스트라이프 패턴을 뜹니다.

1단 실고리로 원형코 만들기, 짧은뜨기 6 [6코]
2단 (늘리기) × 6 [12코]
3단 (짧은뜨기 1, 늘리기) × 6 [18코]
4단 (짧은뜨기 2, 늘리기) × 6 [24코]
5단 (짧은뜨기 3, 늘리기) × 6 [30코]
6-14단 짧은뜨기 30 [30코]
15단 (짧은뜨기 3, 줄이기) × 6 [24코]
16-18단 짧은뜨기 24 [24코]
19단 (짧은뜨기 2, 줄이기) × 6 [18코]
20-22단 짧은뜨기 18 [18코]

바느질하기 위한 실을 길게 남겨 자르고, 마무리를 합니다. 날개에는 솜을 채우지 않아도 됩니다. 날개를 편평하게 펴서 몸통의 양 옆, 17-22단 사이에 비스듬하게 바느질하여 붙입니다.

볏

(3개, 빨간색, 원형뜨기 합니다)

1단 실고리로 원형코 만들기, 짧은뜨기 6 [6코]
2단 (늘리기) × 6 [12코]
3단 짧은뜨기 12 [12코]
4단 (짧은뜨기 1, 늘리기) × 6 [18코]
5-6단 짧은뜨기 18 [18코]
7단 (짧은뜨기 4, 줄이기) × 3 [15코]
8단 짧은뜨기 15 [15코]
9단 (짧은뜨기 3, 줄이기) × 3 [12코]
10단 짧은뜨기 12 [12코]
11단 (짧은뜨기 2, 줄이기) × 3 [9코]
12단 짧은뜨기 9 [9코]
솜을 약간 채웁니다.
13단 (짧은뜨기 1, 줄이기) × 3 [6코]
14단 짧은뜨기 6 [6코]
실을 길게 남겨 자르고, 마무리를 합니다. 실 끝을 돗바늘에 꿰어 남은 각 코의 앞고리에 통과시킨 뒤, 단단히 잡아당겨 구멍을 막습니다.
실 끝이 보이지 않게 정리합니다.
정수리에 바느질하여 붙입니다.

꼬리

(파란색, 원형뜨기 합니다)

1단 실고리로 원형코 만들기, 짧은뜨기 6 [6코]
2단 (늘리기) × 6 [12코]
3-7단 짧은뜨기 12 [12코]
바느질하기 위한 실을 길게 남겨 자르고, 마무리를 합니다. 꼬리에는 솜을 채우지 않아도 됩니다. 꼬리를 몸통 뒷면 중앙, 29-30단 사이에 바느질하여 붙입니다.

발

(2개, 파란색, 원형뜨기 합니다)

1단 실고리로 원형코 만들기, 짧은뜨기 8 [8코]
2-3단 짧은뜨기 8 [8코]
바느질하기 위한 실을 길게 남겨 자르고, 마무리를 합니다. 솜을 약간 채웁니다.
발을 몸통 앞면, 36-39단 사이에 바느질하여 붙입니다.

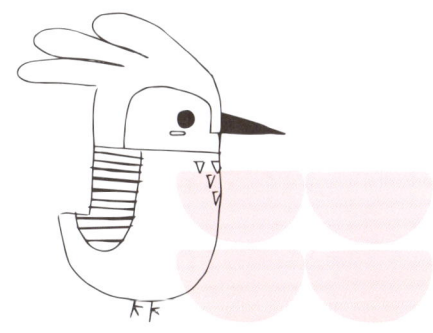

바다오리 보니

보니는 친구인 해달 머리처럼 태어난 바닷가에서 죽 살고 있어요.
어릴 때부터 보트와 배, 요트에 끌려 배를 만드는 조선 기사가 되기 위해 공부했지요.
이따금 요트를 타고 항해를 떠나요. 온몸으로 바람을 느끼는 기분이 끝내주거든요.
가끔은 친구 머리와 함께 배를 타고 그린란드까지 가기도 해요.
두 친구는 다음번에 카리브 해 같은 따뜻한 바다로 모험을 떠날 계획이에요.
머리는 바닷속에 잠긴 난파선과 옛날 돛배들을 정말 보고 싶어 하죠.
보니도 보물을 발견하는 게 그리 나쁘지 않다고 생각하고요.

난이도 ★★

키
26cm(제시된 실로 떴을 때)

재료
- DK 또는 라이트 우스티드:
  차콜 그레이, 오프 화이트,
  노란색, 산호색, 흰색,
  와인레드, 슬레이트 그레이
  약간
- 코바늘 2.75mm
- 검은색 나사형 인형 눈(10mm)
- 솜

주의
머리와 몸통을 하나로 뜹니다.

부리

(산호색 실로 시작, 원형뜨기 합니다)
1단   실고리로 원형코 만들기, 짧은뜨기 5 [5코]
2단   (늘리기) × 5 [10코]
3단   짧은뜨기 10 [10코]
4단   (짧은뜨기 1, 늘리기) × 5 [15코]
5단   짧은뜨기 15 [15코]
6단   (짧은뜨기 2, 늘리기) × 5 [20코]
실을 슬레이트 그레이색으로 바꿉니다.
7-8단   짧은뜨기 20 [20코]
실을 노란색으로 바꿉니다.
9단   짧은뜨기 20 [20코]
바느질하기 위한 실을 길게 남겨 자르고, 마무리를 합니다. 부리에 솜을 약간 채웁니다. 부리를 바느질하여 붙이기 전에 세로로 편평하게 폅니다.

볼

(2개, 산호색, 원형뜨기 합니다)
1단   실고리로 원형코 만들기, 짧은뜨기 5 [5코]
바느질하기 위한 실을 길게 남겨 자르고, 마무리를 합니다.

머리와 몸통

(차콜 그레이색 실로 시작, 원형뜨기 합니다)
1단   실고리로 원형코 만들기, 짧은뜨기 6 [6코]
2단   (늘리기) × 6 [12코]
3단   (짧은뜨기 1, 늘리기) × 6 [18코]
4단   (짧은뜨기 2, 늘리기) × 6 [24코]
5단   (짧은뜨기 3, 늘리기) × 6 [30코]
6단   (짧은뜨기 4, 늘리기) × 6 [36코]
7단   (짧은뜨기 5, 늘리기) × 6 [42코]
8단   (짧은뜨기 6, 늘리기) × 6 [48코]
9단   짧은뜨기 48 [48코]
다음 단부터 차콜 그레이색과 오프 화이트색을 번갈아 배색하며 뜨는데, 각 줄의 앞에 색이 제시되어 있습니다.
10단   (차콜 그레이) 짧은뜨기 13, (오프 화이트) 짧은뜨기 22, (차콜 그레이) 짧은뜨기 13 [48코]
11단   (차콜 그레이) 짧은뜨기 11, (오프 화이트) 짧은뜨기 26, (차콜 그레이) 짧은뜨기 11 [48코]
12단   (차콜 그레이) 짧은뜨기 10, (오프 화이트) 짧은뜨기 28, (차콜 그레이) 짧은뜨기 10 [48코]
13단   (차콜 그레이) 짧은뜨기 9, (오프 화이트) 짧은뜨기 30, (차콜 그레이) 짧은뜨기 9 [48코]
14단   (차콜 그레이) 짧은뜨기 8, (오프 화이트) 짧은뜨기 32, (차콜 그레이) 짧은뜨기 8 [48코]

15단 (차콜 그레이) 짧은뜨기 7, (오프 화이트) 짧은뜨기 34, (차콜 그레이) 짧은뜨기 7 [48코]
16단 (차콜 그레이) 짧은뜨기 8, (오프 화이트) 짧은뜨기 32, (차콜 그레이) 짧은뜨기 8 [48코]
17단 (차콜 그레이) 짧은뜨기 9, (오프 화이트) 짧은뜨기 30, (차콜 그레이) 짧은뜨기 9 [48코]
18단 (차콜 그레이) 짧은뜨기 10, (오프 화이트) 짧은뜨기 28, (차콜 그레이) 짧은뜨기 10 [48코]
19단 (차콜 그레이) 짧은뜨기 11, (오프 화이트) 짧은뜨기 26, (차콜 그레이) 짧은뜨기 11 [48코]
20단 (차콜 그레이) 짧은뜨기 13, (오프 화이트) 짧은뜨기 22, (차콜 그레이) 짧은뜨기 13 [48코]
21단 (차콜 그레이) (짧은뜨기 7, 늘리기) × 6 [54코]

부리를 11-20단 사이, 오프 화이트색 부분의 가운데 바느질하여 붙입니다.
15-16단 사이, 부리에서 양쪽으로 4코 정도 떨어진 곳에 나사형 인형 눈을 끼웁니다.
검은색 실로 눈꼬리의 작은 선을 수놓습니다. 작은 볼을 17-20단 사이, 부리에서 1코 떨어진 곳에 바느질하여 붙입니다.
계속해서 도안을 따라 흰색과 노란색 실로 자카드 무늬를 뜹니다.
(127쪽 그림 도안 참조)

22-30단 짧은뜨기 54 [54코]
실을 차콜 그레이색으로 바꿉니다.
31-34단 짧은뜨기 54 [54코]
35단 사슬 6, 이때 부리의 중심과 사슬코 시작 분분이 맞지 않으면, 몸통에서 짧은뜨기를 몇 코 더 뜨거나 풀어 중심을 맞춥니다. 다음에 만들 코에 스티치마커를 끼웁니다. 이곳이 각 단의 시작점이 됩니다.
사슬코에 뜹니다. 바늘에서 두 번째 사슬부터 시작, 짧은뜨기 5(첫 번째 짧은뜨기에 스티치마커), 기초사슬코가 시작된 코에 짧은뜨기 1, 이어서 몸통에 뜹니다. 짧은뜨기 54, 이어서 기초사슬코의 맞은편 고리에서 뜹니다. 짧은뜨기 4, 늘리기 [66코]
36단 (늘리기) × 2, 짧은뜨기 62, (늘리기) × 2 [70코]
37단 (늘리기) × 2, 짧은뜨기 66, (늘리기) × 2 [74코]
38-39단 짧은뜨기 74 [74코]
40단 짧은뜨기 2, 줄이기, 짧은뜨기 66, 줄이기, 짧은뜨기 2 [72코]
41단 짧은뜨기 72 [72코]
42단 짧은뜨기 2, 줄이기, 짧은뜨기 64, 줄이기, 짧은뜨기 2 [70코]
43단 짧은뜨기 70 [70코]
44단 짧은뜨기 27, 줄이기, 짧은뜨기 12, 줄이기, 짧은뜨기 27 [68코]
45단 짧은뜨기 2, 줄이기, 짧은뜨기 60, 줄이기, 짧은뜨기 2 [66코]
46단 짧은뜨기 27, 줄이기, 짧은뜨기 8, 줄이기, 짧은뜨기 27 [64코]
47단 짧은뜨기 2, 줄이기, 짧은뜨기 56, 줄이기, 짧은뜨기 2 [62코]
48단 짧은뜨기 27, 줄이기, 짧은뜨기 4, 줄이기, 짧은뜨기 27 [60코]
49단 (짧은뜨기 8, 줄이기) × 6 [54코]
머리와 몸통에 솜을 단단히 채웁니다.
50단 (짧은뜨기 7, 줄이기) × 6 [48코]
51단 (짧은뜨기 6, 줄이기) × 6 [42코]
52단 (짧은뜨기 5, 줄이기) × 6 [36코]
53단 (짧은뜨기 4, 줄이기) × 6 [30코]
54단 (짧은뜨기 3, 줄이기) × 6 [24코]
55단 (짧은뜨기 2, 줄이기) × 6 [18코]
56단 (짧은뜨기 1, 줄이기) × 6 [12코]
57단 (줄이기) × 6 [6코]

실을 길게 남겨 자르고, 마무리를 합니다. 필요하면 솜을 더 채웁니다.
실 끝을 돗바늘에 꿰어 남은 각 코의 앞고리에 통과시킨 뒤, 단단히 잡아당겨 구멍을 막습니다. 실 끝이 보이지 않게 정리합니다.

날개

(2개, 차콜 그레이색, 원형뜨기 합니다)
1단 실고리로 원형코 만들기, 짧은뜨기 6 [6코]
2단 (늘리기) × 6 [12코]
3단 (짧은뜨기 1, 늘리기) × 6 [18코]
4단 (짧은뜨기 2, 늘리기) × 6 [24코]
5단 (짧은뜨기 3, 늘리기) × 6 [30코]
6단 (짧은뜨기 4, 늘리기) × 6 [36코]
7-12단 짧은뜨기 36 [36코]
바느질하기 위한 실을 길게 남겨 자르고, 마무리를 합니다.
날개에는 솜을 채우지 않습니다.
날개를 편평하게 펴서 몸통의 양 옆, 31-32단 사이에 바느질하여 붙입니다.

다리

(2개, 산호색, 원형뜨기 합니다)

다리는 다리와 발, 두 부분으로 나누어서 뜹니다.

다리

사슬 10코를 만듭니다. 사슬코가 꼬이지 않도록 주의해서 잡고,
코바늘을 첫 번째 사슬코에 넣고 빼뜨기를 하여 기초사슬코를 연결합니다.
계속해서 나선형 뜨기를 합니다.

1-8단 짧은뜨기 10 [10코]

바느질하기 위한 실을 길게 남겨 자르고, 마무리를 합니다. 다리에 솜을 채웁니다.

발

1단 실고리로 원형코 만들기, 짧은뜨기 5 [5코]
2단 짧은뜨기 5 [5코]
3단 (늘리기) × 5 [10코]
4단 짧은뜨기 10 [10코]
5단 (짧은뜨기 1, 늘리기) × 5 [15코]
6단 짧은뜨기 15 [15코]
7단 (짧은뜨기 2, 늘리기) × 5 [20코]
8-10단 짧은뜨기 20 [20코]

바느질하기 위한 실을 길게 남겨 자르고, 마무리를 합니다. 발에는 솜을 채우지 않습니다. 편평하게 펴고, 남긴 실을 이용하여 마지막 단의 구멍을 바느질하여 막습니다. 발을 다리에 바느질하여 붙입니다. 다리를 몸통의 51-54단 사이에 바느질하여 붙입니다.

모자

(와인 레드색, 원형뜨기 합니다)

1단 실고리로 원형코 만들기, 짧은뜨기 6 [6코]
2단 (늘리기) × 6 [12코]
3단 (짧은뜨기 1, 늘리기) × 6 [18코]
4단 (짧은뜨기 2, 늘리기) × 6 [24코]
5단 (짧은뜨기 3, 늘리기) × 6 [30코]
6단 (짧은뜨기 4, 늘리기) × 6 [36코]
7단 (짧은뜨기 5, 늘리기) × 6 [42코]
8단 (짧은뜨기 6, 늘리기) × 6 [48코]
9-11단 짧은뜨기 48 [48코]
12-14단 (짧은 앞걸어뜨기 1, 짧은 뒤걸어뜨기 1) × 24 [48코]

실을 자르고 마무리를 합니다. 실 끝이 보이지 않게 정리합니다.
폼폼 한 개를 만들어서 모자 끝에 바느질하여 붙입니다.

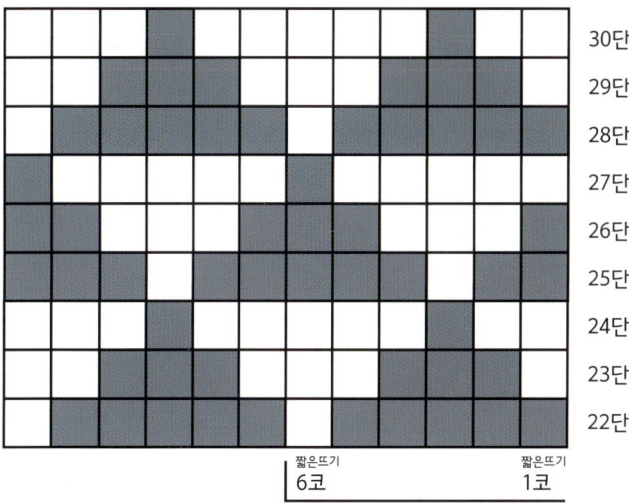

박쥐 휴고

인도 출신인 휴고는 '큰 박쥐'라고 불리는 걸 좋아합니다.
휴고는 몇 년 동안 우체국에서 일하다가
인도에서 사용하는 서른 개도 넘는 언어에 푹 빠지고 말았습니다.
지금은 집배원으로 일하면서, 비영리 단체에서 통역가로도 활약하고 있지요.
다른 문화를 가진 나라의 사람들을 만나는 일이 너무 즐겁다고 하네요.
무슨 일을 하든, 망고 스무디와 바나나 빵으로 하루를 시작하는 것만큼은 지키고 있답니다.

난이도 ★

크기
높이 29㎝(제시된 실로 떴을 때, 귀 포함), 너비 50㎝(날개를 폈을 때)

재료
- DK 는 라이트 우스티드: 페트롤 블루, 아쿠아 블루, 슬레이트 그레이, 황토색, 흰색, 파스텔 핑크, 검은색 약간
- 코바늘 2.75mm
- 검은색 나사형 인형 눈(8mm)
- 솜

주의
머리와 몸통을 하나로 뜹니다.

주둥이

(페트롤 블루색, 원형뜨기 합니다)
1단 실고리로 원형코 만들기, 짧은뜨기 6 [6코]
2단 (늘리기) × 6 [12코]
3단 (짧은뜨기 1, 늘리기) × 6 [18코]
4-5단 짧은뜨기 18 [18코]
바느질하기 위한 실을 길게 남겨 자르고, 마무리를 합니다. 검은색 실로 코와 입을 수놓고, 흰색 실로 작은 이빨 두 개를 수놓습니다. 주둥이에 솜을 채웁니다.

머리와 몸통

(페트롤 블루색, 원형뜨기 합니다)
1단 실고리로 원형코 만들기, 짧은뜨기 6 [6코]
2단 (늘리기) × 6 [12코]
3단 (짧은뜨기 1, 늘리기) × 6 [18코]
4단 (짧은뜨기 2, 늘리기) × 6 [24코]
5단 (짧은뜨기 3, 늘리기) × 6 [30코]
6단 (짧은뜨기 4, 늘리기) × 6 [36코]
7단 (짧은뜨기 5, 늘리기) × 6 [42코]
8단 (짧은뜨기 6, 늘리기) × 6 [48코]
9단 (짧은뜨기 7, 늘리기) × 6 [54코]
10단 (짧은뜨기 8, 늘리기) × 6 [60코]
11-20단 짧은뜨기 60 [60코]
21단 (짧은뜨기 3, 줄이기) × 12 [48코]
22단 (짧은뜨기 2, 줄이기) × 12 [36코]
23단 (짧은뜨기 4, 줄이기) × 6 [30코]
주둥이를 14-19단 사이에 바느질하여 붙입니다. 주둥이는 원형 단이 시작하는 곳과 반대쪽에 있어야 합니다. 16-17단 사이, 주둥이에서 양쪽으로 4코 정도 떨어진 곳에 나사형 인형 눈을 끼웁니다. 파스텔 핑크색 실로 볼을 수놓습니다.
24단 (짧은뜨기 3, 줄이기) × 6 [24코]
25단 짧은뜨기 24 [24코]
머리에 솜을 단단히 채웁니다.
26단 (짧은뜨기 3, 늘리기) × 6 [30코]

27단 (짧은뜨기 4, 늘리기) × 6 [36코]
28-31단 짧은뜨기 36 [36코]
32단 (짧은뜨기 5, 늘리기) × 6 [42코]
33-48단 짧은뜨기 42 [42코]
49단 (짧은뜨기 5, 줄이기) × 6 [36코]
50-51단 짧은뜨기 36 [36코]

다리

다리를 만들기 위해 코를 나눕니다. 다리 하나에 14코씩, 다리 사이 공간을 위해 앞뒤 4코씩으로 나눕니다(이때 스티치마커를 사용하면 편리합니다). 두 다리가 머리와 나란하지 않으면, 몸통에서 짧은뜨기를 몇 코 더 뜨거나 풀어 중심을 맞춥니다. 뒷면에 있는 다리의 마지막 코를 앞면에 짧은뜨기로 연결합니다(이 짧은뜨기는 다리의 첫 번째 코가 됩니다). 이제 첫 번째 다리의 코가 원형으로 연결되었습니다. 계속해서 첫 번째 다리를 뜹니다.

52-56단 짧은뜨기 14 [14코]
몸통과 다리에 솜을 단단히 채웁니다.
57단 (줄이기) × 7 [7코]
실을 길게 남겨 자르고, 마무리를 합니다. 실 끝을 돗바늘에 꿰어 남은 각 코의 앞고리에 통과시킨 뒤, 단단히 잡아당겨 구멍을 막습니다.

두 번째 다리

51단의 뒷면에서 뜨지 않은 다섯 번째 코에 페트롤 블루색을 다시 연결합니다.
여기에서 두 번째 다리의 첫 번째 코를 시작합니다.
52단 짧은뜨기 14, 열네 번째 코에 다다르면, 첫 번째 코에서 짧은뜨기를 하여 원형으로 연결합니다. [14코]
53-57단 첫 번째 다리와 같은 방식으로 뜹니다.
두 번째 다리에 솜을 채우고, 필요하면 몸통에 솜을 더 채웁니다. 돗바늘을 이용하여 다리 사이의 공간(앞, 뒤 4코)을 바느질하여 막습니다.

팔

(2개, 페트롤 블루색, 원형뜨기 합니다)
팔은 두 부분으로 나누어서 뜹니다.

긴 부분

1단 실고리로 원형코 만들기, 짧은뜨기 5 [5코]
2단 짧은뜨기 5 [5코]
3단 (늘리기) × 5 [10코]
여기에서 솜을 채우고, 계속 뜨면서 솜을 채웁니다.
4-38단 짧은뜨기 10 [10코]
바느질하기 위한 실을 길게 남겨 자르고, 마무리를 합니다.

짧은 부분

1단 실고리로 원형코 만들기, 짧은뜨기 5 [5코]
2단 짧은뜨기 5 [5코]
3단 (늘리기) × 5 [10코]
여기에서 솜을 채우고, 계속 뜨면서 솜을 채웁니다.
4-28단 짧은뜨기 10 [10코]
바느질하기 위한 실을 길게 남겨 자르고, 마무리를 합니다.

날개

(2개, 아쿠아 블루색)
사슬 26코를 만들고, 기둥코(사슬 1)를 세우면서 평면뜨기 합니다.
1단 바늘에서 두 번째 사슬부터 시작, 짧은뜨기 25, 사슬 1(기둥코), 방향 바꾸기 [25코]
2단 짧은뜨기 24, 늘리기, 사슬 1(기둥코), 방향 바꾸기 [26코]
3단 짧은뜨기 26, 사슬 1(기둥코), 방향 바꾸기 [26코]
4단 짧은뜨기 25, 늘리기, 사슬 1(기둥코), 방향 바꾸기 [27코]
5단 짧은뜨기 27, 사슬 1(기둥코), 방향 바꾸기 [27코]
6단 짧은뜨기 26, 늘리기, 사슬 1(기둥코), 방향 바꾸기 [28코]
7단 짧은뜨기 28, 사슬 1(기둥코), 방향 바꾸기 [28코]
8단 짧은뜨기 27, 늘리기, 사슬 1(기둥코), 방향 바꾸기 [29코]
9단 짧은뜨기 29, 사슬 1(기둥코), 방향 바꾸기 [29코]
10단 짧은뜨기 28, 늘리기, 사슬 1(기둥코), 방향 바꾸기 [30코]
11단 짧은뜨기 30, 사슬 1(기둥코), 방향 바꾸기 [30코]
12단 짧은뜨기 29, 늘리기, 사슬 1(기둥코), 방향 바꾸기 [31코]
13단 짧은뜨기 31, 사슬 1(기둥코), 방향 바꾸기 [31코]
14단 짧은뜨기 30, 늘리기, 사슬 1(기둥코), 방향 바꾸기 [32코]
15단 짧은뜨기 32, 사슬 1(기둥코), 방향 바꾸기 [32코]
16단 짧은뜨기 31, 늘리기, 사슬 1(기둥코), 방향 바꾸기 [33코]
17단 짧은뜨기 33, 사슬 1(기둥코), 방향 바꾸기 [33코]
18단 짧은뜨기 32, 늘리기, 사슬 1(기둥코), 방향 바꾸기 [34코]
19단 짧은뜨기 34, 사슬 1(기둥코), 방향 바꾸기 [34코]
20단 짧은뜨기 33, 늘리기, 사슬 1(기둥코), 방향 바꾸기 [35코]
21단 짧은뜨기 35, 사슬 1(기둥코), 방향 바꾸기 [35코]
22단 줄이기, 짧은뜨기 32, 늘리기, 사슬 1(기둥코), 방향 바꾸기 [35코]
23단 짧은뜨기 32, 줄이기, 짧은뜨기 1, 사슬 1(기둥코), 방향 바꾸기 [34코]
24단 짧은뜨기 1, 줄이기, 짧은뜨기 28, 줄이기, 짧은뜨기 1, 사슬 1(기둥코), 방향 바꾸기 [32코]

25단 짧은뜨기 1, 줄이기, 짧은뜨기 26, 줄이기, 짧은뜨기 1, 사슬 1(기둥코), 방향 바꾸기 [30코]
26단 짧은뜨기 1, 줄이기, 짧은뜨기 24, 줄이기, 짧은뜨기 1, 사슬 1(기둥코), 방향 바꾸기 [28코]
27단 짧은뜨기 1, 줄이기, 짧은뜨기 22, 줄이기, 짧은뜨기 1, 사슬 1(기둥코), 방향 바꾸기 [26코]
28단 짧은뜨기 1, 줄이기, 짧은뜨기 20, 줄이기, 짧은뜨기 1, 사슬 1(기둥코), 방향 바꾸기 [24코]
29단 짧은뜨기 1, 줄이기, 짧은뜨기 18, 줄이기, 짧은뜨기 1, 사슬 1(기둥코), 방향 바꾸기 [22코]
30단 짧은뜨기 1, 줄이기, 짧은뜨기 16, 줄이기, 짧은뜨기 1, 사슬 1(기둥코), 방향 바꾸기 [20코]
31단 짧은뜨기 1, 줄이기, 짧은뜨기 14, 줄이기, 짧은뜨기 1, 사슬 1(기둥코), 방향 바꾸기 [18코]
32단 짧은뜨기 1, 줄이기, 짧은뜨기 12, 줄이기, 짧은뜨기 1, 사슬 1(기둥코), 방향 바꾸기 [16코]
33단 짧은뜨기 1, 줄이기, 짧은뜨기 10, 줄이기, 짧은뜨기 1, 사슬 1(기둥코), 방향 바꾸기 [14코]
34단 짧은뜨기 1, 줄이기, 짧은뜨기 8, 줄이기, 짧은뜨기 1, 사슬 1(기둥코), 방향 바꾸기 [12코]
35단 짧은뜨기 1, 줄이기, 짧은뜨기 6, 줄이기, 짧은뜨기 1, 사슬 1(기둥코), 방향 바꾸기 [10코]
36단 짧은뜨기 1, 줄이기, 짧은뜨기 4, 줄이기, 짧은뜨기 1, 사슬 1(기둥코), 방향 바꾸기 [8코]
37단 짧은뜨기 1, 줄이기, 짧은뜨기 2, 줄이기, 짧은뜨기 1, 사슬 1(기둥코), 방향 바꾸기 [6코]
38단 짧은뜨기 1, (줄이기) ×2, 짧은뜨기 1, 사슬 1(기둥코), 방향 바꾸기 [4코]
39단 (줄이기) ×2, 사슬 1(기둥코), 방향 바꾸기 [2코]
40단 줄이기 [1코]
바느질하기 위한 실을 길게 남겨 자르고, 마무리를 합니다..

날개 연결하기

돗비늘을 이용하여 날개의 가장 긴 쪽을 팔의 긴 부분에 바느질하여 붙이고,
이어 팔의 짧은 부분을 팔의 긴 부분의 6-10단 사이에 바느질하여 붙입니다.
팔의 짧은 부분과 날개도 바느질합니다. 팔의 긴 부분을 몸통 27-30단 사이에 바느질하고,
마지막으로 날개와 몸통을 바느질하여 붙입니다.
(132쪽 사진 참조)

겉귀

(2개, 페트롤 블루색, 원형뜨기 합니다)

1단 실고리로 원형코 만들기, 짧은뜨기 5 [5코]
2단 짧은뜨기 5 [5코]
3단 (늘리기) × 5 [10코]
4단 짧은뜨기 10 [10코]
5단 (짧은뜨기 1, 늘리기) × 5 [15코]
6단 짧은뜨기 15 [15코]
7단 (짧은뜨기 2, 늘리기) × 5 [20코]
8단 짧은뜨기 20 [20코]
9단 (짧은뜨기 3, 늘리기) × 5 [25코]
10단 짧은뜨기 25 [25코]
11단 (짧은뜨기 4, 늘리기) × 5 [30코]
12-18단 짧은뜨기 30 [30코]
19단 (짧은뜨기 4, 줄이기) × 5 [25코]
20단 짧은뜨기 25 [25코]
21단 (짧은뜨기 3, 줄이기) × 5 [20코]
22단 짧은뜨기 20 [20코]

바느질하기 위한 실을 길게 남겨 자르고, 마무리를 합니다.
귀에는 솜을 채우지 않습니다. 귀를 편평하게 폅니다.

속귀

(2개, 슬레이트 그레이색, 원형뜨기 합니다)

사슬 13코를 만들고, 기초사슬코의 양쪽에서 뜹니다.
1단 바늘에서 두 번째 사슬부터 시작, 늘리기, 짧은뜨기 10, 마지막 사슬에 짧은뜨기 3, 이어서 기초사슬코의 맞은편 고리에서 뜹니다. 짧은뜨기 11 [26코]
2단 (늘리기) × 2, 짧은뜨기 10, (늘리기) × 3, 짧은뜨기 10, 늘리기 [32코]

다음 코에 빼뜨기를 합니다. 바느질하기 위한 실을 길게 남겨 자르고, 마무리를 합니다. 속귀를 겉귀의 안쪽 중앙에 바느질하여 붙입니다. 귀를 머리의 3-12단 사이에 바느질하여 붙입니다.

목도리

(황토색)

사슬 98코를 만들고. 평면뜨기 합니다.
1단 바늘에서 네 번째 사슬부터 시작, 짧은뜨기 1, (사슬 1, 1코 건너뛰기, 짧은뜨기 1) × 끝까지, 사슬 2, 방향 바꾸기
2단 사슬 1코 공간에 짧은뜨기 1, (사슬 1, 사슬 1코 공간에 짧은뜨기 1) × 끝까지, 마지막 짧은뜨기는 1단 시작 부분에 있는 사슬 3코 공간에 합니다. 사슬 2, 방향 바꾸기
3-9단 사슬 1코 공간에 짧은뜨기 1, (사슬 1, 사슬 1코 공간에 짧은뜨기 1) × 끝까지, 마지막 짧은뜨기는 이전 단의 시작 부분에 있는 사슬 2코 공간에 합니다. 사슬 2, 방향 바꾸기

실을 자르고 마무리를 합니다. 실 끝이 보이지 않게 정리합니다.
흰색, 파스텔 핑크색, 슬레이트 그레이색 실로 폼폼 6개를 만들어 목도리 한쪽 끝에 3개씩을 바느질하여 붙입니다.

알파카 마르시아

마르시아는 페루의 파타칸차 계곡에서도 알파카와 비큐나가 주 구성원인 마을에서 태어났습니다.
공예 솜씨를 타고난 재주꾼이죠. 매일 동네 사람들과 함께 수공예 일을 하는데,
모두들 친환경적인 훌륭한 직업을 갖고 있다며 자랑스러워한답니다.
마르시아는 전해 내려오는 직물 수공예를 공부하고 관련 자료를 수집하고 있습니다.
페루의 직물 생산 역사가 만 년이 넘어 세계에서 가장 오래되었다는 점을 생각한다면
마르시아가 공부한 양이 얼마나 방대할지 상상이 되고도 남는답니다.

난이도 ★★

키
35.5cm(제시된 실로 떴을 때, 귀 포함)

재료
- DK 또는 라이트 우스티드:
  머스터드, 오프 화이트,
  좋아하는 색(담요와 귀 끝
  장식용), 검은색 약간
- 코바늘 2.75mm
- 검은색 나사형 인형 눈(10mm)
- 솜

주의
머리와 몸통을 하나로 뜹니다.

주둥이

(오프 화이트색, 원형뜨기 합니다)

1단 실고리로 원형코 만들기, 짧은뜨기 6 [6코]
2단 (늘리기) × 6 [12코]
3단 (짧은뜨기 1, 늘리기) × 6 [18코]
4단 (짧은뜨기 2, 늘리기) × 6 [24코]
5단 (짧은뜨기 3, 늘리기) × 6 [30코]
6-9단 짧은뜨기 30 [30코]

바느질하기 위한 실을 길게 남겨 자르고, 마무리를 합니다. 검은색 실로 입과 코를 수놓습니다.
주둥이에 솜을 채웁니다.

머리와 몸통

(머스터드색, 원형뜨기 합니다)

1단 실고리로 원형코 만들기, 짧은뜨기 6 [6코]
2단 (늘리기) × 6 [12코]
3단 (짧은뜨기 1, 늘리기) × 6 [18코]
4단 (짧은뜨기 2, 늘리기) × 6 [24코]
5단 (짧은뜨기 3, 늘리기) × 6 [30코]
6단 (짧은뜨기 4, 늘리기) × 6 [36코]
7단 (짧은뜨기 5, 늘리기) × 6 [42코]
8단 (짧은뜨기 6, 늘리기) × 6 [48코]
9단 (짧은뜨기 7, 늘리기) × 6 [54코]
10-18단 짧은뜨기 54 [54코]
19단 (짧은뜨기 7, 줄이기) × 6 [48코]

20단 (짧은뜨기 6, 줄이기) × 6 [42코]
21단 (짧은뜨기 5, 줄이기) × 6 [36코]
22단 (짧은뜨기 4, 줄이기) × 6 [30코]
23단 (짧은뜨기 3, 줄이기) × 6 [24코]

주둥이를 14-21단 사이에 바느질하여 붙입니다. 주둥이는 원형 단이 시작하는 곳과 반대쪽에 있어야 합니다.
16-17단 사이, 주둥이에서 양쪽으로 4코 정도 떨어진 곳에 나사형 인형 눈을 끼웁니다. 머리에 솜을 채웁니다.

24-37단 짧은뜨기 24 [24코]

목에 솜을 단단히 채웁니다.

38단 사슬 15, 이때 주둥이의 중심과 사슬코 시작 분분이 맞지 않으면,
몸통에서 짧은뜨기를 몇 코 더 뜨거나 풀어 중심을 맞춥니다.
다음에 만들 코에 스티치마커를 끼웁니다. 이곳이 각 단의 시작점이 됩니다.
사슬코에 뜹니다. 바늘에서 두 번째 사슬부터 시작, 늘리기, 짧은뜨기 13, 기초사슬코가 시작된 코에 짧은뜨기 1,
이어서 목에 뜹니다.
짧은뜨기 24, 이어서 기초사슬코의 맞은편 고리에서 뜹니다. 짧은뜨기 13, 늘리기 [55코]

39단 (늘리기) × 2, 짧은뜨기 52, 늘리기 [58코]
40단 (짧은뜨기 1, 늘리기) × 2, 짧은뜨기 52, 늘리기, 짧은뜨기 1 [61코]
41단 짧은뜨기 1, 늘리기, 짧은뜨기 2, 늘리기, 짧은뜨기 54, 늘리기, 짧은뜨기 1 [64코]
42단 (늘리기, 짧은뜨기 2) × 2, 늘리기, 짧은뜨기 54, 늘리기, 짧은뜨기 2 [68코]
43-53단 짧은뜨기 68 [68코]

다리

(머스터드색)
코를 나누어 다리 네 개를 만듭니다.

첫 번째 뒷다리

먼저, 알파카 몸통 뒷면의 가운데 코를 찾습니다. 현재 위치가 뒷면 가운데가 아니면,
가운데 코까지 계속 뜹니다. 그리고 추가로 짧은뜨기 2, 다음에 만들 코에 스티치마커를
끼웁니다. 짧은뜨기 11, 사슬 7, 마지막 코와 스티치마커가 끼워진 코를 빼뜨기로
연결합니다.
이제 몸통의 짧은뜨기 11코와 사슬 7코로 첫 번째 뒷다리를 만듭니다.

1단 짧은뜨기 18 (몸통의 11코와 사슬 7코) [18코]
2-4단 짧은뜨기 18 [18코]
5단 짧은뜨기 16, 줄이기 [17코]
6단 짧은뜨기 17 [17코]
7단 짧은뜨기 15, 줄이기 [16코]
8단 짧은뜨기 16 [16코]
9단 짧은뜨기 14, 줄이기 [15코]
10-11단 짧은뜨기 15 [15코]
12단 (짧은뜨기 1, 줄이기) × 5 [10코]
13단 (줄이기) × 5 [5코]

실을 길게 남겨 자르고, 마무리를 합니다. 실 끝을 돗바늘에 꿰어 남은 각 코의 앞고리에
통과시킨 뒤, 단단히 잡아당겨 구멍을 막습니다.
실 끝이 보이지 않게 정리합니다.

첫 번째 앞다리

첫 번째 뒷다리부터 8코(나중에 복부가 됩니다)를 세고, 아홉 번째 코에
머스터드색 실을 연결합니다.
짧은뜨기 11, 사슬 7, 마지막 코와 첫 번째 짧은뜨기를 빼뜨기로 연결합니다.
1-13단 첫 번째 뒷다리의 1-13단을 반복합니다. (137쪽 사진 참조)

두 번째 앞다리

첫 번째 앞다리의 왼쪽으로 4코(두 앞다리 사이의 공간)를 세고, 다섯 번째
코에 머스터드색 실을 연결합니다.
짧은뜨기 11, 사슬 7, 마지막 코와 첫 번째 짧은뜨기를 빼뜨기로 연결합니다.
1-13단 첫 번째 뒷다리의 1-13단을 반복합니다.

두 번째 뒷다리

두 번째 앞다리의 왼쪽으로 8코(복부)를 세고, 아홉 번째 코에
머스터드색 실을 연결합니다.
짧은뜨기 11, 사슬 7, 마지막 코와 첫 번째 짧은뜨기를 빼뜨기로 연결합니다.
1-13단 첫 번째 뒷다리의 1-13단을 반복합니다.

복부

앞다리 사이와 뒷다리 사이에 각각 4코, 앞뒤 다리 사이 좌우에 8코가 있습니다.
이 코들로 뚜껑을 만들어 복부를 만듭니다.
먼저 오른쪽 옆면(8코가 있는 공간)에서 시작합니다.
첫 번째 다리 옆의 첫 번째 코에 머스터드색 실을 연결하고, 평면뜨기를 합니다.
1-14단 짧은뜨기 8, 사슬 1(기둥코), 방향 바꾸기 [8코]
바느질하기 위한 실을 길게 남겨 자르고, 마무리를 합니다. (138쪽 사진 참조)

앞다리 사이와 뒷다리 사이의 뚜껑

뒷다리 사이의 뚜껑을 만들기 위해, 마지막으로 만든 다리 옆의 첫 번째 코에 머스터드색 실을 연결하고, 평면뜨기를 합니다.
1-4단 짧은뜨기 4, 사슬 1(기둥코), 방향 바꾸기 [4코]
바느질하기 위한 실을 길게 남겨 자르고, 마무리를 합니다.
같은 방식으로 앞다리 사이에도 뚜껑을 만듭니다. (139쪽 사진 참조)

몸통 연결하기

돗바늘을 이용하여 앞다리 뚜껑을 두 앞다리에, 뒷다리 뚜껑을 두 뒷다리에 바느질하여 붙입니다. 각 다리에 솜을 단단히 채웁니다.
넓은 복부 뚜껑을 맞은편 옆면에 바느질하여 붙인 다음, 두 앞다리와 앞뚜껑, 두 뒷다리와 뒷뚜껑과도 연결합니다. 이때 몸통에 솜을 채웁니다.
(139쪽 사진 참조)
뒷다리와 뒷뚜껑과도 연결합니다. 이때 몸통에 솜을 채웁니다.

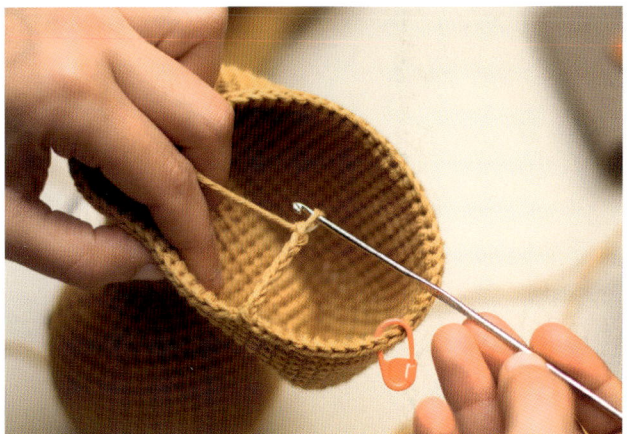

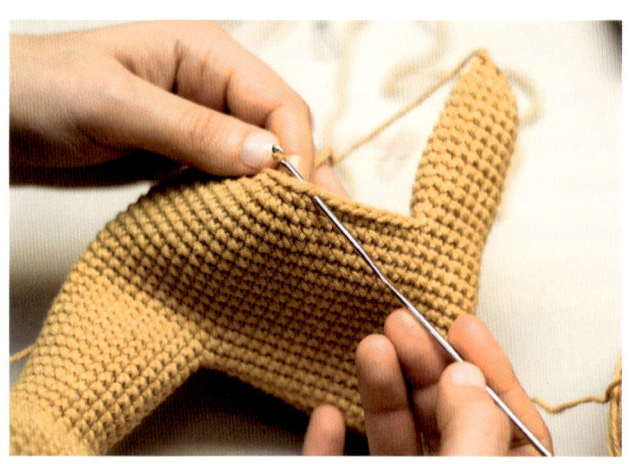

귀

(2개, 머스터드색, 원형뜨기 합니다)

1단 실고리로 원형코 만들기, 짧은뜨기 5 [5코]
2단 짧은뜨기 5 [5코]
3단 (늘리기) × 5 [10코]
4단 짧은뜨기 10 [10코]
5단 (짧은뜨기 1, 늘리기) × 5 [15코]
6-15단 짧은뜨기 15 [15코]

바느질하기 위한 실을 길게 남겨 자르고, 마무리를 합니다. 귀에는 솜을 채우지 않습니다. 귀를 편평하게 펴고, 머리의 꼭대기, 6-8단 사이에 바느질하여 붙입니다. 귀 끝에 밝은 색의 장식 술을 달아 귀를 완성합니다.

꼬리

(머스터드색, 원형뜨기 합니다)

1단 실고리로 원형코 만들기, 짧은뜨기 5 [5코]
2단 (늘리기) × 5 [10코]
3-8단 짧은뜨기 10 [10코]

바느질하기 위한 실을 길게 남겨 자르고, 마무리를 합니다.
꼬리에는 솜을 채우지 않습니다.
꼬리를 편평하게 펴서 등의 40단에 바느질하여 붙입니다.

담요

타원형 담요

(원하는 색)

사슬 13코를 만듭니다. 기초사슬코의 양쪽에서 뜨고 원형뜨기 합니다.

1단 바늘에서 두 번째 사슬부터 시작, 짧은뜨기 11, 마지막 사슬에 짧은뜨기 3, 이어서 기초사슬코의 맞은편 고리에서 뜹니다. 짧은뜨기 10, 늘리기 [26코]
2단 늘리기, 짧은뜨기 10, (늘리기) × 3, 짧은뜨기 10, (늘리기) × 2 [32코]
3단 (늘리기) × 2, 짧은뜨기 11, (늘리기) × 2, 짧은뜨기 1, (늘리기) × 2, 짧은뜨기 11, (늘리기) × 2, 짧은뜨기 1 [40코]
4단 짧은뜨기 1, (늘리기) × 2, 짧은뜨기 13, (늘리기) × 2, 짧은뜨기 3, (늘리기) × 2, 짧은뜨기 13, (늘리기) × 2, 짧은뜨기 2 [48코]
5단 짧은뜨기 2, (늘리기) × 2, 짧은뜨기 14, (늘리기) × 2, 짧은뜨기 6, (늘리기) × 2, 짧은뜨기 14, (늘리기) × 2, 짧은뜨기 4 [56코]
6단 짧은뜨기 2, (늘리기) × 2, 짧은뜨기 18, (늘리기) × 2, 짧은뜨기 6, (늘리기) × 2, 짧은뜨기 18, (늘리기) × 2, 짧은뜨기 4 [64코]
7단 짧은뜨기 64 [64코]

바느질하기 위한 실을 길게 남겨 자르고, 마무리를 합니다.
담요의 짧은 면 양쪽에 장식 술을 달아 담요를 완성합니다.

직사각형 담요

(원하는 색)

사슬 15코, 평면뜨기 합니다.

1단 바늘에서 두 번째 사슬부터 시작, 짧은뜨기 14, 사슬 1(기둥코), 방향 바꾸기 [14코]
2-23단 짧은뜨기 14, 사슬 1(기둥코), 방향 바꾸기 [14코]
24단 짧은뜨기 14 [14코]

바느질하기 위한 실을 길게 남겨 자르고, 마무리를 합니다.
짧은 면 양쪽에 장식 술을 달아 담요를 완성합니다.

목걸이

다양한 색상의 실로 폼폼 7개를 만듭니다.
폼폼 7개의 중심에 실을 꿰어 둥글게 묶은 뒤, 알파카의 목에 걸어줍니다.

잭러셀 다니엘

다니엘은 효모 빵과 시나몬 롤로 유명한 제빵사입니다.
가끔 바텐더로 일하기도 하는데, 나비넥타이를 매고 일할 수 있어서 좋다고 합니다.
음료와 롤빵 외에 다니엘이 정말로 좋아하는 것은 책입니다.
다니엘은 책에 담긴 온갖 지식 때문만 아니라 책 자체를 좋아하지요.
책 냄새를 너무 좋아해서 종이 냄새만 맡고도 인쇄된 날짜를 맞힐 정도입니다.
사실 다니엘은 도서관학 석사학위를 가진 자유주의자랍니다.

난이도 ★★

크기
키 15㎝, 몸길이 15㎝(제시된 실로 떴을 때, 귀 포함)

재료
- DK 또는 라이트 우스티드: 오프 화이트, 갈색, 검은색, 파란색, 짙은 파란색 약간
- 코바늘 2.75㎜
- 검은색 나사형 인형 눈(10㎜)
- 솜

머리

(검은색 실로 시작, 원형뜨기 합니다)
1단 실 고리로 원형코 만들기, 짧은뜨기 6 [6코]
2단 (늘리기) × 6 [12코]
3-4단 짧은뜨기 12 [12코]
실을 오프 화이트색으로 바꿉니다.
5단 짧은뜨기 12 [12코]
6단 (짧은뜨기 1, 늘리기) × 6 [18코]
7단 짧은뜨기 8, (늘리기) × 2, 짧은뜨기 8 [20코]
8단 짧은뜨기 9, (늘리기, 짧은뜨기 1) × 2, 짧은뜨기 7 [22코]
계속해서 오프 화이트색과 갈색을 번갈아 배색하며 뜨는데, 각 줄의 앞에 색이 제시되어 있습니다.
9단 (오프 화이트) 짧은뜨기 10, 늘리기, (갈색) 짧은뜨기 2, 늘리기, 짧은뜨기 2, (오프 화이트) 짧은뜨기 6 [24코]
10단 (오프 화이트) 짧은뜨기 7, 늘리기, 짧은뜨기 1) × 2, 늘리기, (갈색) (짧은뜨기 1, 늘리기) × 3, (오프 화이트) 짧은뜨기 6 [30코]
11단 (오프 화이트) 짧은뜨기 15, (갈색) 짧은뜨기 9, (오프 화이트) 짧은뜨기 6 [30코]
12단 (오프 화이트) 짧은뜨기 8, (늘리기, 짧은뜨기 2) × 2, 늘리기, (갈색) (짧은뜨기 2, 늘리기) × 3, (오프 화이트) 짧은뜨기 6 [36코]
13단 (오프 화이트) 짧은뜨기 18, (갈색) 짧은뜨기 12, (오프 화이트) 짧은뜨기 6 [36코]
14단 (오프 화이트) 짧은뜨기 9, (늘리기, 짧은뜨기 3) × 2, 늘리기, (갈색) (짧은뜨기 3, 늘리기) × 3, (오프 화이트) 짧은뜨기 6 [42코]
15단 (오프 화이트) 짧은뜨기 21, (갈색) 짧은뜨기 15, (오프 화이트) 짧은뜨기 6 [42코]
16단 (오프 화이트) 짧은뜨기 20, 늘리기, (갈색) 늘리기, 짧은뜨기 14, (오프 화이트) 짧은뜨기 6 [44코]
17-18단 (오프 화이트) 짧은뜨기 22, (갈색) 짧은뜨기 16, (오프 화이트) 짧은뜨기 6 [44코]
계속해서 오프 화이트색으로 뜹니다.
19-20단 짧은뜨기 44 [44코]
21단 짧은뜨기 20, (줄이기) × 2, 짧은뜨기 20 [42코]
13-14단 사이에, 약 21코의 간격을 두고 나사형 인형 눈을 끼웁니다. 검은색 실로 입을 수놓습니다.
22단 (짧은뜨기 5, 줄이기) × 6 [36코]
23단 (짧은뜨기 4, 줄이기) × 6 [30코]
24단 (짧은뜨기 3, 줄이기) × 6 [24코]
25단 (짧은뜨기 2, 줄이기) × 6 [18코]
머리에 솜을 단단히 채웁니다.
26단 (짧은뜨기 1, 줄이기) × 6 [12코]
27단 (줄이기) × 6 [6코]
실을 길게 남겨 자르고, 마무리를 합니다. 실 끝을 돗바늘에 꿰어 남은 각 코의 앞고리에 통과시킨 뒤, 단단히 잡아당겨 구멍을 막습니다. 실 끝이 보이지 않게 정리합니다.

몸통

(오프 화이트색, 원형뜨기 합니다)
목에서 시작합니다.
사슬 15코를 만듭니다. 사슬코가 꼬이지 않도록 주의해서 잡고, 코바늘을 첫 번째 사슬코에 넣고 빼뜨기를 하여 기초사슬코를 연결합니다. 계속해서 나선형 뜨기를 합니다.

1-2단 짧은뜨기 15 [15코]
3단 사슬 15, 다음에 만들 코에 스티치마커를 끼웁니다. 이곳이 각 단의 시작점이 됩니다.
사슬코에 뜹니다. 바늘에서 두 번째 사슬부터 시작, 늘리기, 짧은뜨기 13, 기초사슬코가 시작된 코에 짧은뜨기 1, 이어서 목에 뜹니다. 짧은뜨기 15, 이어서 기초사슬코의 맞은편 고리에 뜹니다. 짧은뜨기13, 늘리기 [46코]
4단 짧은뜨기 1, 늘리기, 짧은뜨기 19, 늘리기, 짧은뜨기 2, 늘리기, 짧은뜨기 20, 늘리기 [50코]
5단 짧은뜨기 2, 늘리기, 짧은뜨기 45, 늘리기, 짧은뜨기 1 [52코]
6단 짧은뜨기 3, 늘리기, 짧은뜨기 20, 늘리기, 짧은뜨기 3, 늘리기, 짧은뜨기 20, 늘리기, 짧은뜨기 2 [56코]
7단 짧은뜨기 3, 늘리기, 짧은뜨기 49, 늘리기, 짧은뜨기 2 [58코]
8단 짧은뜨기 27, 늘리기, 짧은뜨기 4, 늘리기, 짧은뜨기 25 [60코]
9-12단 짧은뜨기 60 [60코]

다리

(오프 화이트색)
코를 나누어 다리 네 개를 만듭니다.

첫 번째 뒷다리

먼저, 몸통의 뒷면의 가운데 코를 찾습니다. 현재 위치가 뒷면 가운데가 아니면, 가운데 코까지 계속 뜹니다. 그리고 추가로 짧은뜨기 2, 다음에 만들 코에 스티치마커를 끼웁니다.
짧은뜨기 9, 사슬 6, 마지막 코와 스티치마커가 끼워진 코를 빼뜨기로 연결합니다.
이제 몸통의 짧은뜨기 9코와 사슬 6코로 첫 번째 뒷다리를 만듭니다.

1단 짧은뜨기 15 (몸통의 9코와 사슬 6코) [15코]
2단 짧은뜨기 15 [15코]
3단 (짧은뜨기 3, 줄이기) × 3 [12코]
4단 짧은뜨기 12 [12코]
5단 (짧은뜨기 1, 줄이기) × 4 [8코]
6단 (줄이기) × 4 [4코]

실을 길게 남겨 자르고, 마무리를 합니다. 실 끝을 돗바늘에 꿰어 남은 각 코의 앞고리에 통과시킨 뒤, 단단히 잡아당겨 구멍을 막습니다. 실 끝이 보이지 않게 정리합니다.

첫 번째 앞다리

첫 번째 뒷다리부터 9코(나중에 복부가 됩니다)를 세고, 열 번째 코에 오프 화이트색 실을 연결합니다.
짧은뜨기 9, 사슬 6, 마지막 코와 첫 번째 짧은뜨기를 빼뜨기로 연결합니다.
1-6단 첫 번째 뒷다리의 1-6단을 반복합니다.

두 번째 앞다리

첫 번째 앞다리의 왼쪽으로 3코(두 앞다리 사이의 공간)를 세고, 네 번째 코에 오프 화이트색 실을 연결합니다.
짧은뜨기 9, 사슬 6, 마지막 코와 첫 번째 짧은뜨기를 빼뜨기로 연결합니다.
1-6단 첫 번째 뒷다리의 1-6단을 반복합니다.

두 번째 뒷다리

두 번째 앞다리의 왼쪽으로 9코(복부)를 세고, 열 번째 코에 오프 화이트색 실을 연결합니다.
짧은뜨기 9, 사슬 6, 마지막 코와 첫 번째 짧은뜨기를 빼뜨기로 연결합니다.
1-6단 첫 번째 뒷다리의 1-6단을 반복합니다.

복부

앞다리 사이와 뒷다리 사이에 각각 3코, 앞뒤 다리 사이에 좌우 9코가 있습니다. 이 코들로 뚜껑을 만들어 복부를 만듭니다.
먼저 오른쪽 옆면(9코가 있는 공간)에서 시작합니다.
첫 번째 다리 옆의 첫 번째 코에 오프 화이트색 실을 연결하고, 평면뜨기를 합니다.
1-9단 짧은뜨기 9, 사슬 1(기둥코), 방향 바꾸기 [9코]
바느질하기 위한 실을 길게 남겨 자르고, 마무리를 합니다.

앞다리 사이와 뒷다리 사이의 뚜껑

뒷다리 사이의 뚜껑을 만들기 위해, 마지막으로 만든 다리 옆의 첫 번째 코에 오프 화이트색 실을 연결하고, 평면뜨기를 합니다.
1-3단 짧은뜨기 3, 사슬 1(기둥코), 방향 바꾸기 [3코]
바느질하기 위한 실을 길게 남겨 자르고, 마무리를 합니다.
같은 방식으로 두 앞다리 사이에 뚜껑을 만듭니다.

몸통 연결하기

돗바늘을 이용하여 앞다리 뚜껑을 두 앞다리에, 뒷다리 뚜껑을 두 뒷다리에 바느질하여 붙입니다. 각 다리에 솜을 단단히 채웁니다.
넓은 복부 뚜껑을 맞은편 옆면에 바느질하여 붙인 다음, 두 앞다리와 앞뚜껑, 두 뒷다리와 뒷뚜껑과도 연결합니다. 이때 몸통에 솜을 채웁니다.

귀

(2개, 오프 화이트색 1개, 검은색 1개, 원형뜨기 합니다)

1단	실고리로 원형코 만들기, 짧은뜨기 5 [5코]
2단	짧은뜨기 5 [5코]
3단	(늘리기) × 5 [10코]
4단	짧은뜨기 10 [10코]
5단	(짧은뜨기 1, 늘리기) × 5 [15코]
6단	짧은뜨기 15 [15코]
7단	(짧은뜨기 2, 늘리기) × 5 [20코]
8-12단	짧은뜨기 20 [20코]

바느질하기 위한 실을 길게 남겨 자르고, 마무리를 합니다.
귀에는 솜을 채우지 않습니다.
편평하게 잘 펴서 머리의 17-24단 사이에 바느질하여 붙입니다.

꼬리

(검은색, 원형뜨기 합니다)

| 1단 | 실고리로 원형코 만들기, 짧은뜨기 5 [5코] |
| 2-5단 | 짧은뜨기 5 [5코] |

바느질하기 위한 실을 길게 남겨 자르고, 마무리를 합니다. 꼬리에는 솜을 채우지 않습니다.
꼬리를 등의 5단에 바느질하여 붙입니다.

점박이

큰 점

(갈색, 원형뜨기 합니다)

1단	실고리로 원형코 만들기, 짧은뜨기 6 [6코]
2단	(늘리기) × 6 [12코]
3단	(짧은뜨기 1, 늘리기) × 6 [18코]
4단	(짧은뜨기 2, 늘리기) × 6 [24코]

바느질하기 위한 실을 길게 남겨 자르고, 마무리를 합니다.
점을 몸통에 바느질하여 붙입니다.

작은 점

(갈색, 원형뜨기 합니다)

1단	실고리로 원형코 만들기, 짧은뜨기 6 [6코]
2단	(늘리기) × 6 [12코]
3단	(짧은뜨기 1, 늘리기) × 6 [18코]

바느질하기 위한 실을 길게 남겨 자르고, 마무리를 합니다.
점을 몸통에 바느질하여 붙입니다.

나비넥타이

(파란색, 원형뜨기 합니다)

사슬 32코를 만듭니다. 사슬코가 꼬이지 않도록 주의해서 잡고, 코바늘을 첫 번째 코에 넣고 빼뜨기를 하여 기초사슬코를 연결한 다음 나선형 뜨기를 합니다.

| 1-7단 | 짧은뜨기 32 [32코] |

실을 자르고 마무리를 합니다. 실 끝이 보이지 않게 정리합니다.

가운데 끈

(파란색)

사슬 13코, 기초사슬코를 만듭니다.

| 1단 | 바늘에서 두 번째 사슬부터 짧은뜨기 12 [12코] |

바느질하기 위한 실을 길게 남겨 자르고, 마무리를 합니다.

목 리본

(파란색)

사슬 21코, 기초사슬코를 만듭니다.

| 1단 | 바늘에서 두 번째 사슬부터 짧은뜨기 20 [20코] |

바느질하기 위한 실을 길게 남겨 자르고, 마무리를 합니다.
가운데 끈으로 나비넥타이의 중심을 감고 바느질하여 고정합니다.
목 리본을 개의 목에 감고 목 리본 끝을 나비넥타이 뒷면의 반대쪽에서 다른 끝과 바느질하여 연결합니다.

유니콘 로빈

로빈이 어디에서 왔는지는 아무도 몰라요.
로빈이 종종 고아인 자신을 보살펴준 히말라야 말들에 대해 이야기하는 것을 통해
그가 히말라야에서 자랐다는 것 정도만 알 수 있지요.
로빈은 자기처럼 세상에 나와 길을 잃은 신비한 동물을 찾아내는 앱을 개발했어요.
(단, 그 동물이 세상에 모습을 드러내고 싶을 때만 앱은 작동하지요)
앱으로 번 돈으로 어려움에 처한 생물에게 집을 제공하는 비영리단체도 만들었어요.
이 단체에서는 마법의 신비 동물뿐 아니라 실제 동물도 지원한답니다.

난이도 ★★

키
32cm(제시된 실로 떴을 때, 뿔 포함)

재료
- DK 또는 라이트 우스티드:
  오프 화이트, 담청색, 노란색, 분홍색
- 코바늘 2.75mm
- 검은색 나사형 인형 눈(12mm)
- 솜

머리

(오프 화이트색, 원형뜨기 합니다)
1단 실고리로 원형코 만들기, 짧은뜨기 6 [6코]
2단 (늘리기) × 6 [12코]
3단 (짧은뜨기 1, 늘리기) × 6 [18코]
4단 (짧은뜨기 2, 늘리기) × 6 [24코]
5단 (짧은뜨기 3, 늘리기) × 6 [30코]
6-9단 짧은뜨기 30 [30코]
10단 짧은뜨기 12, (늘리기) × 6, 짧은뜨기 12 [36코]
11단 짧은뜨기 13, (늘리기, 짧은뜨기 1) × 6, 짧은뜨기 11 [42코]
12단 짧은뜨기 42 [42코]
13단 짧은뜨기 14, (늘리기, 짧은뜨기 2) × 6, 짧은뜨기 10 [48코]
14-15단 짧은뜨기 48 [48코]
16단 짧은뜨기 15, (늘리기, 짧은뜨기 3) × 6, 짧은뜨기 9 [54코]
17-28단 짧은뜨기 54 [54코]
29단 (짧은뜨기 7, 줄이기) × 6 [48코]
30단 짧은뜨기 48 [48코]
21-22단 사이에, 약 26코 간격을 두고 나사형 인형 눈을 끼웁니다.
31단 (짧은뜨기 6, 줄이기) × 6 [42코]
32단 (짧은뜨기 5, 줄이기) × 6 [36코]
33단 (짧은뜨기 4, 줄이기) × 6 [30코]
34단 (짧은뜨기 3, 줄이기) × 6 [24코]
35단 (짧은뜨기 2, 줄이기) × 6 [18코]
머리에 솜을 단단히 채웁니다.
36단 (짧은뜨기 1, 줄이기) × 6 [12코]
37단 (줄이기) × 6 [6코]
실을 길게 남겨 자르고, 마무리를 합니다.
실 끝을 돗바늘에 꿰어 남은 각 코의 앞고리에 통과시킨 뒤, 단단히 잡아당겨서 구멍을 막습니다. 실 끝이 보이지 않게 정리합니다.

몸통

(오프 화이트색, 원형뜨기 합니다)

목에서 시작합니다.

사슬 27코를 만듭니다. 사슬코가 꼬이지 않도록 주의해서 잡고, 코바늘을 첫 번째 사슬코에 넣고 빼뜨기를 하여 기초사슬코를 연결합니다. 계속해서 나선형 뜨기를 합니다.

1-4단 짧은뜨기 27 [27코]

5단 사슬 13, 다음에 만들 코에 스티치마커를 끼웁니다. 이곳이 각 단의 시작점입니다.

사슬코에 뜹니다. 바늘에서 두 번째 사슬부터 시작, 늘리기, 짧은뜨기 11, 기초사슬코가 시작된 코에 짧은뜨기 1, 이어서 목에 뜹니다. 짧은뜨기 27, 이어서 기초사슬코의 맞은편 고리에서 뜹니다. 짧은뜨기 11, 늘리기 [54코]

6단 (늘리기) × 2, 짧은뜨기 50, (늘리기) × 2 [58코]

7단 (짧은뜨기 1, 늘리기) × 2, 짧은뜨기 51, 늘리기, 짧은뜨기 1, 늘리기 [62코]

8단 (짧은뜨기 2, 늘리기) × 2, 짧은뜨기 52, 늘리기, 짧은뜨기 2, 늘리기 [66코]

9단 (짧은뜨기 2, 늘리기) × 3, 짧은뜨기 50, (늘리기, 짧은뜨기 2) × 2, 늘리기 [72코]

10단 (짧은뜨기 17, 늘리기) × 4 [76코]

11-21단 짧은뜨기 76 [76코]

다리

(오프 화이트색)

코를 나누어 다리 네 개를 만듭니다.

첫 번째 뒷다리

먼저, 유니콘 몸통의 뒷면의 가운데 코를 찾습니다. 현재 위치가 뒷면 가운데가 아니면, 가운데 코까지 계속 뜹니다. 그리고 추가로 짧은뜨기 2, 다음에 만들 코에 스티치마커를 끼웁니다.

짧은뜨기 12, 사슬 8, 마지막 코와 스티치마커가 끼워진 코를 빼뜨기로 연결합니다.

이제 몸통의 짧은뜨기 12코와 사슬 8코로 첫 번째 뒷다리를 만듭니다.

1단 짧은뜨기 20 (몸통의 12코와 사슬 8코) [20코]

2-11단 짧은뜨기 20 [20코]

실을 노란색으로 바꿉니다.

12-14단 짧은뜨기 20 [20코]

15단 (짧은뜨기 2, 줄이기) × 5 [15코]

16단 (짧은뜨기 1, 줄이기) × 5 [10코]

17단 (줄이기) × 5 [5코]

실을 길게 남겨 자르고, 마무리를 합니다. 실 끝을 돗바늘에 꿰어 남은 각 코의 앞고리에 통과시킨 뒤, 단단히 잡아당겨 구멍을 막습니다. 실 끝이 보이지 않게 정리합니다.

첫 번째 앞다리

첫 번째 뒷다리부터 10코(나중에 복부가 됩니다)를 세고, 열한 번째 코에 오프 화이트색 실을 연결합니다.

짧은뜨기 12, 사슬 8, 마지막 코와 첫 번째 짧은뜨기를 빼뜨기로 연결합니다.

1-17단 첫 번째 뒷다리의 1-17단을 반복합니다.

두 번째 앞다리

첫 번째 앞다리의 왼쪽으로 4코(두 앞다리 사이의 공간)를 세고, 다섯 번째 코에 오프 화이트색 실을 연결합니다.

짧은뜨기 12, 사슬 8, 마지막 코와 첫 번째 짧은뜨기를 빼뜨기로 연결합니다.

1-17단 첫 번째 뒷다리의 1-17단을 반복합니다.

두 번째 뒷다리

두 번째 앞다리의 왼쪽으로 10코(복부)를 세고, 열한 번째 코에 오프 화이트색 실을 연결합니다.

짧은뜨기 12, 사슬 8, 마지막 코와 첫 번째 짧은뜨기를 빼뜨기로 연결합니다.

1-17단 첫 번째 뒷다리의 1-17단을 반복합니다.

복부

앞다리 사이와 뒷다리 사이에 각각 4코, 앞뒤 다리 사이에 좌우 10코가 있습니다. 이 코들로 뚜껑을 만들어 복부를 만듭니다. 먼저 오른쪽 옆면(10코가 있는 공간)에서 시작합니다.

첫 번째 다리 옆의 첫 번째 코에 오프 화이트색 실을 연결하고, 평면뜨기를 합니다.

1-12단 짧은뜨기 10, 사슬 1(기둥코), 방향 바꾸기 [10코]

바느질하기 위한 실을 길게 남겨 자르고, 마무리를 합니다.

앞다리 사이와 뒷다리 사이의 뚜껑

뒷다리 뚜껑을 만들기 위해, 마지막으로 만든 다리 옆의 첫 번째 코에 오프 화이트색 실을 연결하고, 평면뜨기를 합니다.

1-5단 짧은뜨기 4, 사슬 1(기둥코), 방향 바꾸기 [4코]

바느질하기 위한 실을 길게 남겨 자르고 마무리를 합니다.

같은 방식으로 두 앞다리 사이에도 뚜껑을 만듭니다.

몸통 연결하기

돗바늘을 이용하여 앞다리 뚜껑을 두 앞다리에, 뒷다리 뚜껑을 두 뒷다리에 바느질하여 붙입니다. 각 다리에 솜을 단단히 채웁니다. 넓은 복부 뚜껑을 맞은편 옆면에 바느질하여 붙인 다음, 두 앞다리와 앞뚜껑, 두 뒷다리와 뒷뚜껑과도 연결합니다. 연결하면서 몸통에 솜을 채웁니다.

꼬리

(담청색, 원형뜨기 합니다)
1단 실고리로 원형코 만들기, 짧은뜨기 5 [5코]
2단 (늘리기) × 5 [10코]
3-4단 짧은뜨기 10 [10코]
5단 (짧은뜨기 1, 늘리기) × 5 [15코]
6-7단 짧은뜨기 15 [15코]
8단 (짧은뜨기 2, 늘리기) × 5 [20코]
9-34단 짧은뜨기 20 [20코]
바느질하기 위한 실을 길게 남겨 자르고, 마무리를 합니다.
꼬리에 솜을 약간 채웁니다.
돗바늘을 이용하여 꼬리의 구멍을 막습니다. 꼬리를 몸통 뒷면의 5-14단 사이에 바느질하여 붙입니다. 꼬리 끝을 위로 말고, 바늘로 몇 땀 떠서 형태를 고정합니다.

갈기

(담청색, 원형뜨기 합니다)
1단 실고리로 원형코 만들기, 짧은뜨기 5 [5코]
2단 (늘리기) × 5 [10코]
3단 짧은뜨기 10 [10코]
4단 (짧은뜨기 1, 늘리기) × 5 [15코]
5단 짧은뜨기 15 [15코]
6단 (짧은뜨기 2, 늘리기) × 5 [20코]
7-34단 짧은뜨기 20 [20코]
바느질하기 위한 실을 길게 남겨 자르고, 마무리를 합니다.
갈기에 솜을 약간 채웁니다.
돗바늘을 이용하여 갈기의 구멍을 막습니다. 갈기를 머리와 목의 뒷면에 바느질하여 붙입니다.

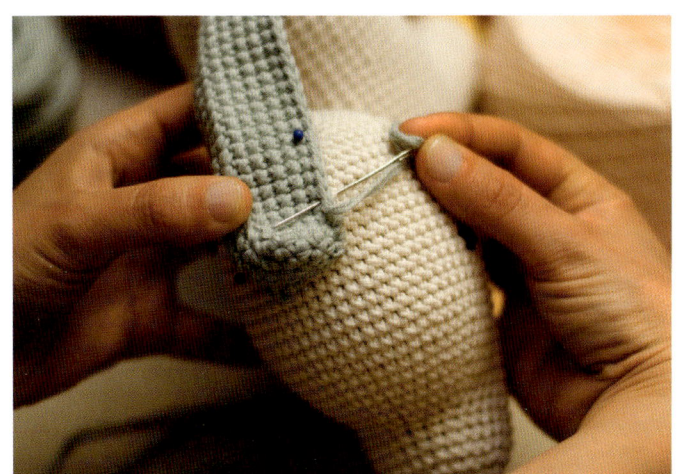

뿔

(노란색, 원형뜨기 합니다)
1단 실고리로 원형코 만들기, 짧은뜨기 6 [6코]
2단 짧은뜨기 6 [6코]
3단 (짧은뜨기 1, 늘리기) × 3 [9코]
4-5단 짧은뜨기 9 [9코]
6단 (짧은뜨기 2, 늘리기) × 3 [12코]
7-8단 짧은뜨기 12 [12코]
9단 (짧은뜨기 3, 늘리기) × 3 [15코]
10-11단 짧은뜨기 15 [15코]
12단 (짧은뜨기 4, 늘리기) × 3 [18코]
13단 짧은뜨기 18 [18코]
바느질하기 위한 실을 길게 남겨 자르고, 마무리를 합니다.
뿔에 솜을 약간 채웁니다.
뿔을 갈기의 앞에 바느질하여 붙입니다.

귀

(2개, 오프 화이트색, 원형뜨기 합니다)
1단 실고리로 원형코 만들기, 짧은뜨기 5 [5코]
2단 짧은뜨기 5 [5코]
3단 (늘리기) × 5 [10코]
4단 짧은뜨기 10 [10코]
5단 (짧은뜨기 1, 늘리기) × 5 [15코]
6단 짧은뜨기 15 [15코]
7단 (짧은뜨기 2, 늘리기) × 5 [20코]
8-9단 짧은뜨기 20 [20코]
바느질하기 위한 실을 길게 남겨 자르고, 마무리를 합니다. 귀에는 솜을 채우지 않아도 됩니다. 편평하게 펴고 머리의 24-28단 사이에 바느질하여 붙입니다.

볼

(2개, 분홍색, 원형뜨기 합니다)
1단 실고리로 원형코 만들기, 짧은뜨기 5 [5코]
2단 (늘리기) × 5 [10코]
바느질하기 위한 실을 길게 남겨 자르고, 마무리를 합니다.
볼을 머리에 바느질하여 붙입니다.

날개

(2개, 노란색, 원형뜨기 합니다)
1단 실고리로 원형코 만들기, 짧은뜨기 6 [6코]
2단 (늘리기) × 6 [12코]
3단 짧은뜨기 12 [12코]
4단 (짧은뜨기 1, 늘리기) × 6 [18코]
5-6단 짧은뜨기 18 [18코]
이제 날개의 코를 나누어 깃털 3개를 만듭니다. 깃털 하나당 6코입니다.

작은 깃털

짧은뜨기 3, 방금 뜬 마지막 코와 이전 단의 15번째 코를 짧은뜨기로 연결합니다.
1단 짧은뜨기 6 [6코]
실을 길게 남겨 자르고, 마무리를 합니다. 실 끝을 돗바늘에 꿰어 남은 각 코의 앞고리에 통과시킨 뒤, 단단히 잡아당겨 구멍을 막습니다. 실 끝이 보이지 않게 정리합니다.

중간 깃털

작은 깃털의 왼쪽에 있는 코에 노란색 실을 다시 연결한 뒤,
짧은뜨기 3, 마지막 코와 작은 깃털의 오른쪽으로 세 번째 코를 짧은뜨기로 연결합니다.
1-2단 짧은뜨기 6 [6코]
실을 길게 남겨 자르고, 마무리를 합니다. 실 끝을 돗바늘에 꿰어 남은 각 코의 앞고리에 통과시킨 뒤, 단단히 잡아당겨 구멍을 막습니다. 실 끝이 보이지 않게 정리합니다.

큰 깃털

중간 깃털의 왼쪽에 있는 코에 노란색 실을 다시 연결합니다.
1-3단 짧은뜨기 6 [6코]
실을 길게 남겨 자르고, 마무리를 합니다. 실 끝을 돗바늘에 꿰어 남은 각 코의 앞고리에 통과시킨 뒤, 단단히 잡아당겨 구멍을 막습니다. 실 끝이 보이지 않게 정리합니다.
날개를 몸통에 바느질하여 붙입니다. 큰 깃털이 위쪽으로 향해야 합니다.

유니콘의 엉덩이 쪽에 닻이나 좋아하는 기호를 수놓습니다.

드래곤 제르트뤼드

제르트뤼드는 오랫동안 북유럽과 발칸 반도에서 활동해온 저명한 고고학자입니다. 정확한 나이는 알 수 없지만, 수백 년 동안 사는 동물로 알려져 있으니, 어쩌면 낡은 중세 시대 책에서 제르트뤼드의 그림을 찾을 수 있을지도 모르겠네요. 제르트뤼드는 고대 그리스 시대의 도자기를 좋아하는데, 그걸 만든 사람들을 아는 눈치입니다. 제르트뤼드가 유리 공예, 은세공, 도자기 굽기 같은 불을 이용한 공예품 제작에 취미를 가진 건 당연한지도 모르겠네요. 드래곤이니까요.

난이도 ★★

크기
키 32㎝, 몸길이 40㎝(제시된 실로 떴을 때, 귀 포함)

재료
- DK 또는 라이트 우스티드:
  아보카도 그린, 차콜 그레이, 파스텔 핑크, 슬레이트 그레이, 검은색 약간
- 코바늘 2.75㎜
- 검은색 나사형 인형 눈(10㎜)
- 솜

머리

(아보카도 그린색, 원형뜨기 합니다)

1단 실고리로 원형코 만들기, 짧은뜨기 6 [6코]
2단 (늘리기) × 6 [12코]
3단 (짧은뜨기 1, 늘리기) × 6 [18코]
4단 (짧은뜨기 2, 늘리기) × 6 [24코]
5-6단 짧은뜨기 24 [24코]
7단 짧은뜨기 8, 한길긴뜨기 5코 구슬뜨기 1, 짧은뜨기 6, 한길긴뜨기 5코 구슬뜨기 1, 짧은뜨기 8 [24코]
8단 짧은뜨기 24 [24코]
9단 (짧은뜨기 3, 늘리기) × 6 [30코]
10-12단 짧은뜨기 30 [30코]
13단 (짧은뜨기 4, 늘리기) × 6 [36코]
14-16단 짧은뜨기 36 [36코]
17단 (짧은뜨기 5, 늘리기) × 6 [42코]
18-20단 짧은뜨기 42 [42코]
21단 (짧은뜨기 6, 늘리기) × 6 [48코]
22-26단 짧은뜨기 48 [48코]
21-22단 사이에, 약 21코 간격을 두고 나사형 인형 눈을 끼웁니다. 검은색 실로 입을 수놓습니다.

27단 (짧은뜨기 6, 줄이기) × 6 [42코]
28단 짧은뜨기 42 [42코]
29단 (짧은뜨기 5, 줄이기) × 6 [36코]
30단 (짧은뜨기 4, 줄이기) × 6 [30코]
31단 (짧은뜨기 3, 줄이기) × 6 [24코]
32단 (짧은뜨기 2, 줄이기) × 6 [18코]
머리에 솜을 단단히 채웁니다.
33단 (짧은뜨기 1, 줄이기) × 6 [12코]
34단 (줄이기) × 6 [6코]
실을 길게 남겨 자르고, 마무리를 합니다. 실 끝을 돗바늘에 꿰어 남은 각 코의 앞고리에 통과시킨 뒤, 단단히 잡아당겨 구멍을 막습니다. 실 끝이 보이지 않게 정리합니다.

몸통

(아보카도 그린색, 원형뜨기 합니다)

목에서 시작합니다.

사슬 24코를 만듭니다. 사슬코가 꼬이지 않도록 주의해서 잡고, 코바늘을 첫 번째 사슬코에 넣고 빼뜨기를 하여 기초사슬코를 연결해서 나선형 뜨기를 합니다.

1-3단 짧은뜨기 24 [24코]
4단 (짧은뜨기 7, 늘리기) × 3 [27코]
5-7단 짧은뜨기 27 [27코]
8단 (짧은뜨기 8, 늘리기) × 3 [30코]
9-13단 짧은뜨기 30 [30코]
14단 사슬 14, 다음에 만들 코에 스티치마커를 끼웁니다. 이곳이 각 단의 시작점입니다.

사슬코에 뜹니다. 바늘에서 두 번째 사슬부터 시작, 짧은뜨기 13, 기초사슬코가 시작된 코에서 짧은뜨기 1, 이어서 목에 뜹니다. 짧은뜨기 30, 이어서 기초사슬코의 맞은편 고리에서 뜹니다. 짧은뜨기 12, 늘리기 [58코]

15단 (늘리기) × 2, 짧은뜨기 54, (늘리기) × 2 [62코]
16단 늘리기, 짧은뜨기 1, 늘리기, 짧은뜨기 55, (늘리기, 짧은뜨기 1) × 2 [66코]
17단 (짧은뜨기 1, 늘리기) × 2, 짧은뜨기 58, (늘리기, 짧은뜨기 1) × 2 [70코]
18단 (짧은뜨기 2, 늘리기) × 2, 짧은뜨기 58, (늘리기, 짧은뜨기 2) × 2 [74코]
19-28단 짧은뜨기 74 [74코]

다리

(아보카도 그린색)

코를 나누어 다리 네 개를 만듭니다.

첫 번째 뒷다리

먼저, 몸통의 뒷면 가운데 코를 찾습니다. 현재 위치가 뒷면 가운데가 아니면, 가운데 코까지 계속 뜹니다. 그리고 추가로 짧은뜨기 2, 다음에 만들 코에 스티치마커를 끼웁니다.

짧은뜨기 10, 사슬 8, 마지막 코와 스티치마커가 끼워진 코를 빼뜨기로 연결합니다.

이제 몸통의 짧은뜨기 10코와 사슬 8코로 첫 번째 뒷다리를 만듭니다.

1단 짧은뜨기 18 (몸통의 10코와 사슬 8코) [18코]
2-15단 짧은뜨기 18 [18코]
16단 짧은뜨기 6, (한길긴뜨기 5코 구슬뜨기 1, 짧은뜨기 1) × 2, 한길긴뜨기 5코 구슬뜨기 1, 짧은뜨기 7 [18코]

구슬뜨기를 하여 볼록하게 만들어진 구슬무늬가 다리 안으로 들어가지 않게 합니다.

17단 (이 단은 뒷고리만 뜹니다) (짧은뜨기 1, 줄이기) × 6 [12코]
18단 (줄이기) × 6 [6코]

실을 길게 남겨 자르고, 마무리를 합니다. 실 끝을 돗바늘에 꿰어 남은 각 코의 앞고리에 통과시킨 뒤, 단단히 잡아당겨 구멍을 막습니다. 실 끝이 보이지 않게 정리합니다.

첫 번째 앞다리

뒷다리부터 13코(나중에 복부가 됩니다)를 세고, 열네 번째 코에 아보카도 그린색 실을 연결합니다.

짧은뜨기 10, 사슬 8, 마지막 코와 첫 번째 짧은뜨기를 빼뜨기로 연결합니다.

1-15단 첫 번째 뒷다리의 1-15단을 반복합니다.
16단 짧은뜨기 9, (한길긴뜨기 5코 구슬뜨기 1, 짧은뜨기 1) × 2, 한길긴뜨기 5코 구슬뜨기 1, 짧은뜨기 4 [18코]

구슬뜨기를 하여 볼록하게 만들어진 구슬무늬가 다리 안으로 들어가지 않게 합니다.

17-18단 첫 번째 뒷다리의 17-18단을 반복합니다.

두 번째 앞다리

첫 번째 앞다리의 왼쪽으로 4코(두 앞다리 사이의 공간)를 세고, 다섯 번째 코에 아보카도 그린색 실을 연결합니다.

짧은뜨기 10, 사슬 8, 마지막 코와 첫 번째 짧은뜨기를 빼뜨기로 연결합니다.

1-15단 첫 번째 뒷다리의 1-15단을 반복합니다.
16단 짧은뜨기 4, (한길긴뜨기 5코 구슬뜨기 1, 짧은뜨기 1) × 2, 한길긴뜨기 5코 구슬뜨기 1, 짧은뜨기 9 [18코]

구슬뜨기를 하여 볼록하게 만들어진 구슬무늬가 다리 안으로 들어가지 않게 합니다.

17-18단 첫 번째 뒷다리의 17-18단을 반복합니다.

두 번째 뒷다리

첫 번째 앞다리부터 13코(복부)를 세고, 열네 번째 코에 아보카도 그린색 실을 연결합니다.

짧은뜨기 10, 사슬 8, 마지막 코와 첫 번째 짧은뜨기를 빼뜨기로 연결합니다.

1-15단 첫 번째 뒷다리의 1-15단을 반복합니다.
16단 짧은뜨기 6, (한길긴뜨기 5코 구슬뜨기 1, 짧은뜨기 1) × 2, 한길긴뜨기 5코 구슬뜨기 1, 짧은뜨기 7 [18코]

구슬뜨기를 하여 볼록하게 만들어진 구슬무늬가 다리 안으로 들어가지 않게 합니다.

17-18단 첫 번째 뒷다리의 17-18단을 반복합니다.

복부

앞다리 사이와 뒷다리 사이에 각각 4코, 앞뒤 다리 사이에 좌우 13코가 있습니다.

이 코들로 뚜껑을 만들어 복부를 만듭니다. 먼저 오른쪽 옆면(13코가 있는 공간)에서 시작합니다. 첫 번째 다리 옆의 첫 번째 코에 아보카도 그린색 실을 연결하고, 평면뜨기를 합니다.

1-12단 짧은뜨기 13, 사슬 1코(기둥코), 방향 바꾸기 [13코]
바느질하기 위한 실을 길게 남겨 자르고, 마무리를 합니다.

앞다리 사이와 뒷다리 사이의 뚜껑

뒷다리 뚜껑을 만들기 위해, 마지막으로 만든 다리 옆의 첫 번째 코에 아보카도 그린색 실을 연결하고, 평면뜨기를 합니다.

1-5단 짧은뜨기 4, 사슬 1코(기둥코), 방향 바꾸기 [4코]
바느질하기 위한 실을 길게 남겨 자르고 마무리 합니다.
같은 방식으로 두 앞다리 사이에서 뚜껑을 만듭니다.

몸통 연결하기

돗바늘을 이용하여 앞다리 뚜껑을 두 앞다리에, 뒷다리 뚜껑을 두 뒷다리에 바느질하여 붙입니다. 각 다리에 솜을 단단히 채웁니다. 넓은 복부 뚜껑을 맞은편 옆면에 바느질하여 붙인 다음, 두 앞다리와 앞뚜껑, 두 뒷다리와 뒷뚜껑과도 연결합니다.
연결하면서 몸통에 솜을 채웁니다.

꼬리

(아보카도 그린색, 원형뜨기 합니다)
1단 실고리로 원형코 만들기, 짧은뜨기 6 [6코]
2단 짧은뜨기 6 [6코]
3단 (짧은뜨기 1, 늘리기) × 3 [9코]
4-6단 짧은뜨기 9 [9코]
7단 (짧은뜨기 2, 늘리기) × 3 [12코]
8-10단 짧은뜨기 12 [12코]
11단 (짧은뜨기 3, 늘리기) × 3 [15코]
12-14단 짧은뜨기 15 [15코]
15단 (짧은뜨기 4, 늘리기) × 3 [18코]
16-18단 짧은뜨기 18 [18코]
19단 (짧은뜨기 5, 늘리기) × 3 [21코]
20-22단 짧은뜨기 21 [21코]
23단 (짧은뜨기 6, 늘리기) × 3 [24코]
24-26단 짧은뜨기 24 [24코]
27단 (짧은뜨기 7, 늘리기) × 3 [27코]
28-30단 짧은뜨기 27 [27코]
31단 (짧은뜨기 8, 늘리기) × 3 [30코]
32-34단 짧은뜨기 30 [30코]
35단 (짧은뜨기 9, 늘리기) × 3 [33코]
36-38단 짧은뜨기 33 [33코]
39단 (짧은뜨기 10, 늘리기) × 3 [36코]
40-42단 짧은뜨기 36 [36코]
43단 (짧은뜨기 11, 늘리기) × 3 [39코]
44-46단 짧은뜨기 39 [39코]
바느질하기 위한 실을 남겨 자르고, 마무리를 합니다. 꼬리에 솜을 채웁니다.
꼬리를 몸통 뒷면 중앙, 14-27단 사이에 바느질하여 붙입니다.

귀

(2개, 아보카도 그린색, 원형뜨기 합니다)
1단 실고리로 원형코 만들기, 짧은뜨기 5 [5코]
2단 짧은뜨기 5 [5코]
3단 (늘리기) × 5 [10코]
4-5단 짧은뜨기 10 [10코]
6단 (짧은뜨기 1, 늘리기) × 5 [15코]
7-8단 짧은뜨기 15 [15코]
9단 (짧은뜨기 2, 늘리기) × 5 [20코]
10-20단 짧은뜨기 20 [20코]
바느질하기 위한 실을 남겨 자르고, 마무리를 합니다. 귀에는 솜을 채우지 않습니다.
편평하게 펴고 반으로 접습니다. 머리의 26단에 바느질하여 붙입니다.

머리 뿔

(2개, 챠콜 그레이색, 원형뜨기 합니다)
1단 실고리로 원형코 만들기, 짧은뜨기 6 [6코]
2단 짧은뜨기 6 [6코]
3단 (짧은뜨기 1, 늘리기) × 3 [9코]
4-12단 짧은뜨기 9 [9코]
바느질하기 위한 실을 남겨 자르고, 마무리를 합니다. 뿔에 솜을 약간 채웁니다.
뿔을 귀 옆에 바느질하여 붙입니다.

날개

2개, (슬레이트 그레이색, 원형뜨기 합니다)
- **1단** 실고리로 원형코 만들기, 짧은뜨기 6 [6코]
- **2단** (늘리기) × 6 [12코]
- **3단** 짧은뜨기 12 [12코]
- **4단** (짧은뜨기 1, 늘리기) × 6 [18코]
- **5-6단** 짧은뜨기 18 [18코]
- **7단** (짧은뜨기 2, 늘리기) × 6 [24코]
- **8-9단** 짧은뜨기 24 [24코]
- **10단** (짧은뜨기 3, 늘리기) × 6 [30코]
- **11단** 짧은뜨기 30 [30코]

이제 날개의 코를 나누어 깃털 3개를 만듭니다. 깃털 하나당 10코입니다.

작은 깃털

짧은뜨기 5, 방금 뜬 마지막 코와 이전 단의 스물다섯 번째 코를 짧은뜨기로 연결합니다.
- **1-3단** 짧은뜨기 10 [10코]
- **4단** (줄이기) × 5 [5코]

실을 길게 남겨 자르고, 마무리를 합니다. 실 끝을 돗바늘에 꿰어 남은 각 코의 앞고리에 통과시킨 뒤, 단단히 잡아당겨 구멍을 막습니다. 실 끝이 보이지 않게 정리합니다.

중간 깃털

작은 깃털의 왼쪽 옆 첫 번째 코에 슬레이트 그레이색 실을 다시 연결한 뒤, 짧은뜨기 5, 방금 뜬 마지막 코와 작은 깃털의 오른쪽 옆 다섯 번째 코를 짧은뜨기로 연결합니다.
- **1-5단** 짧은뜨기 10 [10코]
- **6단** (줄이기) × 5 [5코]

실을 길게 남겨 자르고, 마무리를 합니다. 실 끝을 돗바늘에 꿰어 남은 각 코의 앞고리에 통과시킨 뒤, 단단히 잡아당겨 구멍을 막습니다. 실 끝이 보이지 않게 정리합니다.

큰 깃털

중간 깃털의 왼쪽 옆 첫 번째 코에 슬레이트 그레이색 실을 다시 연결합니다.
- **1-7단** 짧은뜨기 10 [10코]
- **8단** (줄이기) × 5 [5코]

실을 길게 남겨 자르고, 마무리를 합니다. 실 끝을 돗바늘에 꿰어 남은 각 코의 앞고리에 통과시킨 뒤, 단단히 잡아당겨 구멍을 막습니다. 실 끝이 보이지 않게 정리합니다.
날개를 몸통에 바느질하여 붙입니다. 큰 깃털이 위쪽으로 향해야 합니다.

작은 등뿔

(13개, 파스텔 핑크색, 원형뜨기 합니다)
- **1단** 실고리로 원형코 만들기, 짧은뜨기 5 [5코]
- **2단** 짧은뜨기 5 [5코]

바느질하기 위한 실을 남겨 자르고, 마무리를 합니다. 솜을 채우지 않아도 됩니다.

큰 등뿔

(8개, 파스텔 핑크색, 원형뜨기 합니다)
- **1단** 실고리로 원형코 만들기, 짧은뜨기 5 [5코]
- **2단** 짧은뜨기 5 [5코]
- **3단** (늘리기) × 5 [10코]

바느질하기 위한 실을 남겨 자르고, 마무리를 합니다.
솜을 채우지 않아도 됩니다.
큰 등뿔을 목부터 몸통, 꼬리가 시작되는 곳까지 바느질하여 붙입니다.
꼬리 끝과 머리 뒤에 작은 등뿔을 바느질하고 붙여 완성합니다.

감사의 글

책을 만든다는 말도 안 되는 모험을 헤쳐 나가려 애쓰는 동안 곁을 지켜준 가족들,
코바늘 패턴을 시험해주고 개선시키는 데 도움을 준 출판사와 교정자들,
모든 작품의 사진을 찍을 수 있도록 카메라를 빌려준 시아버지 앙헬,
사진의 배경으로 아름다운 공간과 나무 작업대를 제공해준 루나와 마리아,
내 생각을 들어주고 그것을 아름다운 지면으로 바꿔준 코키 앤 보스케 에스튜디오에게 감사를 드립니다.

마지막으로, 제 SNS 계정의 글을 팔로우하면서 제 실망과 불평, 성과와 기쁨을 읽어준 여러분 모두에게도
고마운 마음을 전합니다. 여러분이야말로 제가 이 두 번째 책을 쓸 수 있게 만들어주었습니다. 여러분 덕분에
이 귀여운 캐릭터들을 상상하고 디자인하여 코바늘뜨기로 만드는 근사한 호사를 누릴 수 있었습니다.
정말 감사합니다.